影响孩子一生的国学典藏书系
青少版

成语接龙

编 著：董 源

黑龙江美术出版社

图书在版编目（ＣＩＰ）数据

成语接龙/董源编著. –– 哈尔滨：黑龙江美术出版社，2012.12（2018.7重印）
（影响孩子一生的国学典藏书系）
ISBN 978–7–5318–3792–3

Ⅰ.①成… Ⅱ.①董… Ⅲ.①汉语 – 成语 – 青年读物
②汉语 – 成语 – 少年读物 Ⅳ.①H136.3–49

中国版本图书馆CIP数据核字(2012)第303070号

成语接龙

改　　编/ 董　源
责任编辑/ 陈颖杰　郭建廷
装帧设计/ 郭婧竹
出版发行/ 黑龙江美术出版社
地　　址/ 哈尔滨市道里区安定街225号
邮政编码/ 150016
发行电话/（0451）84270514
网　　址/ www.hljmscbs.com
经　　销/ 全国新华书店
印　　刷/ 北京一鑫印务有限责任公司
开　　本/ 720×1020　1 / 16
印　　张/ 10.5
字　　数/ 90千
版　　次/ 2012 年 12 月第 1 版
印　　次/ 2018 年 7 月第 2 次印刷
书　　号/ ISBN 978–7–5318–3792–3
定　　价/ 34.80元

前　言

　　凡可称经典者，必具备以下特质：第一，经由人类文化、文明史千锤百炼般检验后依然万古长存，深受一代代读者的垂青和热读；第二，不会因为社会政治、经济、文化环境的变迁而改变传播命运；第三，所蕴含的人生理念、美育观点、知识能量、人伦教理，永远是人类正能量取之不竭的源泉，即所谓的"源头活水"。第四，具有人类普世的价值内核。当然，经典有时会表现出那么一点点的不与时俱进，有时还会表现出那么一点点的非现代化，但是经典永远不会引领人类走向歧途。对于一个民族来说，没有经典文化的代代传播和代代阅读，这个民族就没有立足世界的本根；同样，没有经典的世界，也就妄谈人类文明。经典文化犹如快速奔跑，努力拼搏着的人类的老母亲，她会在你时而有些忘乎所以的狂热之时提醒你一句：放慢脚步，等一等你的灵魂。正因为如此，在人类现代化程度如此之高的 21 世纪，阅读经典的热潮才会一波高过一波，这是人类的希望所在。因为人类没有因为高科技带来的现代快节奏生活而忘记深情回望一眼自己的母亲，再聆听一下母亲那似乎有些老套但绝对本质的叮咛。

　　"少而好学，如日出之阳。"阅读经典从青少年开始，就会牢牢铸就孩子一生的营养健康基因。这种营养的投入，就像某种产品的间接成本，你说不上它作用于孩子未来的哪一个方面，但绝对是成就孩子理想健康人格和综合素质所必要的。

这套青少年版"眼镜蛇经典文化书系"由三个系列组成，第一系列："影响孩子一生的国学典藏书系"。它荟萃了中华文化浩瀚海洋中的精华，从古老的《诗经》到浪漫的唐诗、宋词、元曲、明清小说，从经典的蒙学读物到诸子的智慧篇章，从充满想象力的神话故事到上下五千年的历史……可谓循序而进，万象毕集；第二系列："中国孩子必读的世界经典名著书系"。它汇集了世界经典文学读本，意在通过世界不同语言国家的经典名著的阅读，打开孩子观望世界的窗口，培养孩子博大的文化胸襟，融入世界的思维方式和情感趋向。毕竟，人类已经进入了地球村的时代，世界经济也正在走向一体化。第三系列："励志篇·青少年红色经典书系"。它囊括了为国牺牲、献出年轻生命的英雄们的故事，刘胡兰、董存瑞、雷锋等等人物形象历历在目，栩栩如生，旨在让青少年在阅读中重温过去，了解历史，感受革命与传统的震撼，感受红色浪潮的冲击，从而受到爱国主义、民族精神的教育。

最后须要强调的是，"经典"是一个开放的系统，因此本套"眼镜蛇经典文化书系"在现有诸多品类的基础上，还会不断增加新的内容，以满足青少年读者的阅读渴望。

编　者
2012年12月

目 录

无可厚非→非驴非马→马到成功→功德无量→
量力而为→为虎作伥→长驱直入→入木三分→

无可厚非

出处：

"莽怒，免英官。后颇觉悟，曰：'英亦未可厚非。'复以英为长沙连率。"——东汉·班固《汉书·王莽传》

释义：

指说话做事虽有缺点，但还有可取之处，应予谅解，不可以过分指责。

反义词：

评头品足 品头论足

非驴非马

出处：

"驴非驴，马非马，若龟兹王，所谓骡也。"——东汉·班固《汉书·西域传》

释义：

不是驴也不是马。比喻不伦不类，什么也不像。

反义词：

一本正经

趣味链接：

（谜语）非驴非马（打一字）谜底：骡

马到成功

出处：

"那老尉迟这一去，马到成功。"——元·无名氏《小尉迟》第二折

释义：

形容事情顺利，刚开始就取得成功。

反义词：

屡战屡败

趣味链接：

（歇后语）樊梨花下西凉——马到成功

功德无量

出处：

"所以拥全神灵，成育圣躬，功德已无量矣。"——东汉·班固《汉书·丙吉传》

释义：

　　原为佛教语,指功劳恩德无法估量。后亦用以称颂人的功劳、恩德或做大有益于别人的事情。

量力而为

出处：

　　"力能则进,否则退,量力而行。"——《左传》

释义：

　　按照自己力量的大小去做,不要勉强。

为虎作伥

出处：

　　"凡死于虎,溺于水之鬼号为伥,须得一人代之。"——宋·孙光宪《北梦琐言逸文》

释义：

　　比喻帮助恶人作恶,帮坏人干坏事,帮凶。

反义词：

　　为民除害

长驱直入

出处：

　　"吾用兵三十余年,及所闻古之善用兵者,未有长驱

直入敌围者也。"——三国·曹操《劳徐晃令》

释义：

形容进军迅猛顺利。用来表示军队以不可阻挡之势向前挺进，深入敌方心脏。

反义词：

步步为营 退避三舍 裹足不前

趣味链接：

（歇后语）特快列车过隧道——长驱直入

入木三分

出处：

"王羲之书祝版，工人削之，笔入木三分。"——唐·张怀《书断·王羲之》

释义：

形容书法极有笔力。现多比喻分析问题很深刻。相传王羲之在木板上写字，木工刻时，发现字迹透入木板三分(三分等于1厘米)深。

反义词：

略见一斑

趣味链接：

（歇后语）锤子打钉子——入木三分；啄木鸟啄树——入木三分

入木三分

王羲之字逸少，是晋朝时有名的书法家，也是中国历史上最有名的书法家之一，因为他曾经做过右军将军，所以后人又称他为王右军。

王羲之的书法，可以称得上冠绝古今。他的字秀丽中透着苍劲，柔和中带着刚强，后代的许多书法家，没有一个能比得上他的。所以，学习书法的人很多都以他的字作范本。王羲之的字写得这样好，除了他有天资，最重要的还是他刻苦练习。为了把字练好，王羲之无论休息还是走路，心里总是想着字体的结构，揣摩着字的架子和气势，而且不停地用手指头在衣襟上划着。时间久了，连身上的衣服也划破了。相传他经常在池塘边练习写字，每次写完，就在池塘里清洗笔砚。时间一久，池塘的水都变黑了。王羲之很爱鹅，平时常常望着在河里戏水的鹅发呆，后来竟然从鹅的动作中领悟出运笔的原理，而对他的书法技艺大有助益。

有一次，皇帝要到北郊去祭祀，命令王羲之把祝辞写在一块木板上，再派工人雕刻。雕刻的工人在雕刻时都非常惊奇，因为王羲之写的字，笔力竟然渗入木头三分多。他赞叹地说："右军将军的字，真是入木三分呀！"

分道扬镳→彪炳千秋→秋毫无犯→泛滥成灾→
再接再厉→历历在目→目不转睛→精雕细刻→

分道扬镳

出处：

"洛阳我之丰沛，自应分路扬镳。自今以后，可分路
而行。"——《魏书·河间公齐传》

释义：

比喻目标不同，各走各的路或各干各的事。

反义词：

志同道合　并驾齐驱

彪炳千秋

出处：

"晋弘农太守郭璞诗，宪章潘岳，文体相辉，彪炳可
玩。"——南朝·梁·钟嵘《诗品》

释义：

形容伟大的业绩流传千秋万代。

反义词：

遗臭万年

秋毫无犯

出处：

"吾入关，秋毫不敢有所近，籍吏民，封府库，而待将军。"——汉·司马迁《史记·项羽本纪》

释义：

指军纪严明，丝毫不侵犯人民的利益。

反义词：

胡作非为　无恶不作

泛滥成灾

出处：

"洪水横流，泛滥于天下。"——《孟子·滕文公》

释义：

江河湖泊的水溢出，造成灾害。比喻一件事物，多到了影响了正常生活。

反义词：

绝无仅有

再接再厉

出处：

"一喷一醒然,再接再厉乃。"——唐·韩愈《斗鸡联句》

释义：

指公鸡相斗,每次交锋以前先磨一下嘴。意为只要经过交锋就重新把嘴磨得锋利以便接受下次挑战,比喻始终保持斗志的一种态度,也比喻继续努力,再加一把劲。形容一次又一次加倍努力。

反义词：

得过且过 知难而退

历历在目

出处：

"历历开元(开元,唐玄宗年号)事,分明在眼前。"——唐·杜甫《历历》

释义：

清晰地出现在眼前,一一分明。指远方的景物看得清清楚楚,或过去的事情清清楚楚地重现在眼前。

反义词：

模糊不清 忽隐忽现

（歇后语）碗底的豆子——历历在目

目不转睛

出处：

"子义燃烛危坐通晓,目不转睛,膝不移处。"——晋·杨泉《物理论》

释义：

眼珠子一动不动地盯着看。形容注意力集中。

反义词：

左顾右盼 东张西望

趣味链接：

（谜语）假眼（打一成语）谜底:目不转睛

精雕细刻

释义：

精心雕琢,细致刻画。比喻十分认真,非常细致。形容创作艺术品时的苦心刻画,也比喻认真细致地加工和刻意追求完美的精神。

反义词：

偷工减料 粗制滥造

成语故事:

秋毫无犯

楚汉相争的时候,韩信因为得不到项羽的重用而投奔了刘邦,在丞相萧何的推荐下,刘邦拜韩信为大将,刘邦问韩信有什么高见。韩信把刘邦与项羽进行了一番对比,就说刘邦的军队与项羽的军队不同,对百姓的利益秋毫无犯,可以得天下。

刻骨铭心→心不在焉→湮没无闻→闻风而起→
起死回生→生吞活剥→拨云见日→日暮途穷→

刻骨铭心

出处：

"深荷王公之德，铭刻心骨。"——唐·李白《上安州李长史书》

释义：

像镂刻在骨头和心上，形容感受深切，永远不忘。

反义词：

浮光掠影　过眼烟云

心不在焉

出处：

"心不在焉，视而不见，听而不闻，食而不知其味。"——西汉·戴圣《礼记·大学》

释义：

心思不在这里，指思想不集中。

反义词：

全神贯注　专心致志　潜心贯注　一心一意

趣味链接：

（谜语）愿（打一成语）谜底：心不在焉（原）

湮没无闻

出处：

"心不在焉，视而不见，听而不闻，食而不知其味。"——《礼记·大学》。

释义：

声被埋没，没人知道。

闻风而起

出处：

"登堂莫及，闻风而起。"——宋·陈亮《祭赵尉母夫人文》

释义：

闻：听到；风：风声，消息。一听到风声，就立刻起来响应。

起死回生

出处：

"行三十六术甚效，起死回生，救人无数。"——《太平广记·太玄女》引《女仙传》语

释义：

　　使死人或死的动物、植物复活。形容医术高明。比喻挽救了看起来没有希望的事情。

反义词：

　　不可救药　病入膏肓

趣味链接：

　　（歇后语）打开棺材治好病——起死回生

生吞活剥

出处：

　　"有枣强尉张怀庆，好偷名士文章，人为之谚云：'活剥王昌龄，生吞郭正一。'"——唐·刘肃《大唐新语·谐谑》

释义：

　　比喻生硬地抄袭或机械地搬用经验、方法、理论等。也指生拉硬扯。

反义词：

　　融会贯通

趣味链接：

　　（谜语）茹毛饮血（打一成语）谜底：生吞活剥

拨云见日

出处:

"此人之水镜,见之莹然,若披云雾而睹青天也。"
——《晋书·乐广传》

释义:

拨开乌云见到青天。比喻冲破黑暗,见到光明。也比喻消除困惑,思想豁然开朗。

日暮途穷

出处:

"几年春草歇,今日暮途穷。"——唐·杜甫《投赠哥舒开府翰二十韵》

释义:

日暮:天快黑。天已晚了,路已走到了尽头。比喻到了末日或衰亡的境地。也比喻到了无路可走的地步。

反义词:

前程万里

趣味链接:

(歇后语)寒蝉抱枯枝——日暮途穷;天黑找不到路——日暮途穷 (谜语)黑夜钻入死胡同(打一成语)谜底:日暮途穷

成语故事：

日暮途穷

春秋后期，荒淫无道的楚平王霸占了自己的儿媳，听信太子的师傅费无忌的诬告，一面派人去杀太子，一面把太子的另一位师傅伍奢及他的长子伍尚杀掉，导致伍奢的次子伍子胥逃往宋国。

伍子胥为了替父兄报仇，从宋国逃奔到吴国，历尽千辛万苦。他决定帮助阖闾刺杀吴王僚，夺得王位，同时借吴国的兵力去攻打楚国。他同吴王率领大军进攻楚国，一直攻进到楚国的都城郢，执政的楚昭王带着一部分大臣和将士弃都逃往随国了。

进郢都后，伍子胥劝阖闾把楚国的宗庙拆了，阖闾贪图楚国的地盘，听了伍子胥的话把宗庙拆了。伍子胥复仇的心仍不满足，又请求阖闾让他去挖楚平王的坟。阖闾允许了。伍子胥打听出，楚平王的坟在东门外的谬台湖，到那里后，却只见茫茫的湖面，不知道坟在哪里。后来经过一个石工的指点，找到了坟地，挖出了棺材，把楚平王的尸体挖了出来。伍子胥见到尸体,十分生气,抄起铜鞭,一气打了300下,连骨头也打折了,最后把楚平王的脑袋砍了下来。

　　伍子胥鞭尸的事,被他先前的好友申包胥知道了。申包胥派人给伍子胥送了一封信。说:"你这样做太过分了。你曾经是楚平王的臣下,可是为了报私仇,竟连死人也不放过,真是太残忍了!"伍子胥读信后,对来人说:"我因军务太忙,没有时间回信。请你代我谢谢申君,并告诉他,"忠孝不能两全,我好比一个走远路的人,天快黑了,路途还很遥远,所以我只好做出这种违背常理的事!""

穷凶极恶→恶贯满盈→蝇营狗苟→狗尾续貂→
雕栏玉砌→弃甲曳兵→兵不血刃→认贼作父→

穷凶极恶

出处：

"穷他极恶，流毒诸夏。"——东汉·班固《汉书·王莽传赞》

释义：

穷：极端。形容极端残暴凶恶。

反义词：

和蔼可亲 大慈大悲 悲天悯人

趣味链接：

（歇后语）叫花子打架动刀子——穷凶极恶

恶贯满盈

出处：

"商罪贯盈，天命诛之。"——《尚书·泰誓》

释义：

罪恶之多，犹如穿钱一般已穿满一根绳子。形容罪恶极多,已到末日。

反义词:

功德无量 乐善好施

趣味链接:

(歇后语)老鼠吃了三斗六——恶贯满盈

蝇营狗苟

出处:

"蝇营狗苟,驱去复返。"——唐·韩愈《送穷文》。

释义:

营:用苍蝇到处乱飞比喻某些小人不顾羞耻,到处钻营的意思。苟:苟且,这里是不顾羞耻的意思。比喻为了追逐名利,不择手段,像苍蝇一样飞来飞去,像狗一样不知羞耻。

反义词:

光明磊落

狗尾续貂

出处:

"奴卒厮役亦加以爵位。每朝会,貂蝉盈坐,时人为之谚曰:'貂不足,狗尾续。'"——《晋书·赵王伦传》

释义：

续：连接。貂：晋代皇帝的侍从官员用作帽子的装饰。貂不够用了拿狗尾巴来顶替，指封官太滥。文学作品中，比喻拿不好的东西补接在好的东西后面，前后两部分非常不相称。日常生活中，当对自己使用时也带有自谦的含义，表谦虚。

反义词：

凤头豹尾

雕栏玉砌

出处：

"雕栏玉砌应犹在，只是朱颜改，问君能有几多愁，恰似一江春水向东流。"——南唐·李煜《虞美人》

释义：

雕：雕绘；栏：栏杆；砌：石阶。形容富丽的建筑物。

反义词：

穷巷陋室　绳床瓦灶

弃甲曳兵

出处：

"填然鼓之，兵刃既接，弃甲曳兵而走。"——《孟子·梁惠王上》

释义：

丢弃盔甲，拖着兵器逃跑。形容打了败仗狼狈逃跑的样子。

反义词：

大获全胜

兵不血刃

出处：

"故近者亲其善，远方慕其德，兵不血刃，远迩来服。"——《荀子·议兵》。

释义：

兵：武器；刃：刀剑等的锋利部分。兵器上没有沾上血。形容未经战斗就轻易取得了胜利。

反义词：

血流成河 血流漂杵 浴血争战

认贼作父

出处：

"但是偶一念及那一班贪官污吏，人面兽心，处处为虎作伥，人人认贼作父……"——清·华伟生《开国奇冤·追悼》

释义：

把仇敌当做父亲。比喻甘心卖身投靠敌人。

反义词：

泾渭分明

趣味链接：

（歇后语）逮住小偷叫爹——认贼作父

成语故事：

恶贯满盈

在历史上，商纣王是一个极其残酷的暴君。商朝末年，商纣王暴虐无道，激起老百姓的愤慨，就连诸侯们也看不过，认为他不像一个治国之君。当时有一个叫姬昌的诸侯，主张实施仁政，反对纣王的暴政，纣王便把他抓了起来。后来姬昌的儿子姬发即位，便联合诸侯起兵讨伐商纣，大军渡过黄河，向商都进发，在牧野这个地方与纣王的军队交战，打了一场大仗。由于姬发所率的是仁义之师，深得老百姓的欢迎，百姓因而给予了很大的支持，最后纣王大败，自焚而死，商朝也灭亡了。姬发领兵进攻纣王之前，曾对全军发表誓言，说道："商罪贯盈，天命诛之。"意思是说：商纣王作恶多端，就像串钱的绳子一样，其罪恶已串到头了。老天爷已命令我杀死他。成语"恶贯满盈"便出于此。

负荆请罪→罪魁祸首→首当其冲→冲锋陷阵→
震耳欲聋→龙马精神→神出鬼没→没齿难忘→

负荆请罪

出处：

"廉颇闻之，肉袒负荆，因宾客至蔺相如门谢罪。"
——《史记·廉颇蔺相如列传》

释义：

负：背着。荆：荆条。请罪：自己犯了错误，主动请求处罚，希望让对方原谅。背着荆条去向对方请罪，表示愿受责罚，也表示向人认错赔罪。

罪魁祸首

出处：

"虽是虔婆杀我，娟奴是祸首罪魁，追了他去。"——明·郑若庸《玉·记·索命》

释义：

罪：犯罪 魁：为首的；首：头目。作恶犯罪的头目，也

指灾祸的主要原因。

首当其冲

出处：

"郑当其冲，不能修德。"——《汉书·五行志》

释义：

首：最先。当：面对，对着。冲：要冲，交通要道。本指处在首要位置。比喻最先受到攻击，遭遇灾害或受到伤害。

趣味链接：

水龙头下洗脑袋——首当其冲

冲锋陷阵

出处：

"冲锋陷阵，大有其人。"——《北齐书·崔暹传》

释义：

陷：攻破，深入。不顾一切，攻入敌人阵地。形容作战勇猛。

反义词：

临阵脱逃 望风而逃

震耳欲聋

出处:

"每座茶馆里都人声鼎沸,而超越这个,则是茶堂倌震耳欲聋的吆喝声。"——沙汀《呼嚎》

释义:

欲:要,快要。形容声音很大,耳朵都快震聋了。指声音特别大,特别吵。

龙马精神

出处:

"四朝忧国鬓如丝,龙马精神海鹤姿。"——唐·李郢《上裴晋公》诗

释义:

龙马:古代传说中形状像龙的骏马。比喻年老而精神健壮。

神出鬼没

出处:

"善者之动也,神出而鬼行。"——《淮南子·兵略训》

释义:

出:出现;没:消失。比喻变化巧妙迅速,或一会儿出

现，一会儿隐没，不容易捉摸，也指用兵出奇制胜，让敌人摸不着头脑。

反义词：

按兵不动

趣味链接：

（歇后语）坟墓变庙宇——神出鬼没；庙里赶菩萨——神出鬼没；土地爷捉迷藏——神出鬼没；祖宗堂里供菩萨——神出鬼没。

没齿难忘

出处：

"司马谈阙陪盛礼，没齿难忘。"——唐·李商隐《为汝南公华州贺赦表》

释义：

齿：指年龄。没齿：终身。一辈子也忘不了。

反义词：

忘恩负义

成语故事：

龙马精神

按《中国成语大词典》解释：龙马，是指传说中的骏马。龙马精神，就是像龙马一样精神。形容健旺非凡的精神。

天水是一个很奇特的地方，是丝绸之路重镇。降水量十分丰沛，有"天河注水"的传说。由于地理、气候等原因，这里的人健康白皙，漂亮美眉众多。当地民谚称"张掖的大米兰州的瓜，天水脚下的白娃娃"。伏羲庙的大殿中有一匹形状似龙似马的雕像，这就是传说中的龙马。传说天水是伏羲的故乡，有一天，他正在卦台山上远望，忽然看见对面云雾滚滚，有只满身花斑，铺展着两翼的龙马翻腾而出。那龙马身上的花斑就是河图，伏羲根据此创制了八卦。

在中国古代，龙和马的关系非常密切。龙首像马，龙身的一部分也取自马体，古人认为，龙和马是可以互变的。《周礼》上说："马八尺以上为龙。"《山海经》里讲："马实龙精。"就是说龙成了精就是马，那马要是成了精呢？《西游记》中的白龙马，原来是西海龙王的儿子，因为犯了死罪，变成一匹白马，驮着唐僧到西天取经。

忘恩负义→义愤填膺→莺歌燕舞→五谷丰登→
登峰造极→鸡鸣狗盗→道听途说→说长道短→

忘恩负义

出处：

"背恩忘义，枭獍其心。"——《魏书·萧宝夤传》

释义：

恩：恩惠。负：辜负，背弃，违背。义：情谊，恩谊。忘记
别人对自己的好处，背弃了情义，做出对不起别人的事。

反义词：

感恩戴德 以德报怨

义愤填膺

出处：

"珏斋不禁义愤填膺，自己办了个长电奏，力请宣
战。"——清·曾朴《孽海花》第二十五回

释义:

义愤:对违反正义的事情所产生的愤怒;膺:胸膛。胸中充满了正义的愤恨。发于正义的愤懑充满胸中。

反义词:

麻木不仁 卑躬屈膝

莺歌燕舞

出处:

"烟红露绿晓风香,燕舞莺啼春日长。"——宋·苏轼《锦被亭》词

释义:

黄莺在歌唱,小燕子在飞舞。形容春天鸟儿喧闹活跃的景象。现常比喻革命和建设蓬勃兴旺的景象。

反义词:

鸡犬不宁

五谷丰登

出处:

"是故风雨时节,五谷丰熟,社稷安宁。"——《六韬·龙韬·立将》。

释义：

丰登：丰收上场打晒。指年成好，农作物丰收。

反义词：

凶年饥岁

登峰造极

出处：

"不知便可登峰造极否？"——南朝·宋·刘义庆《世说新语·文学》

释义：

峰：山顶。造：达到。极：最高点。攀登到山峰的顶点。比喻学问、成就等达到了最高的境地。也比喻干坏事猖狂到了极点。

反义词：

屡见不鲜 平淡无奇

鸡鸣狗盗

出处：

齐孟尝君出使秦被昭王扣留，一食客装狗钻入秦营偷出狐白裘献给昭王妾以说情放孟尝君。孟尝君逃至函谷关时昭王又令追捕，另一食客又装鸡叫引众鸡齐鸣骗开城门，孟尝君得以逃回齐。——司马迁《史记·孟尝君列传》

释义：

鸣：叫；盗：偷东西。指微不足道的本领。也指偷偷摸摸的行为。

反义词：

光明正道 不二法门 正人君子

趣味链接：

（歇后语）孟尝君过函谷关——鸡鸣狗盗

道听途说

出处：

"小说家者流，盖出于稗官，街谈巷语、道听涂（途）说者之所造也。"——《汉书·艺文志》

释义：

道：道路。道听：在路上听来的言说。路上听来的又在路上传播的话。泛指没有根据的传闻。

反义词：

言之有据 有根有据 言之凿凿

趣味链接：

（谜语）马路消息（打一成语）谜底：道听途说；车上放广播（打一成语）谜底：道听途说。

说长道短

出处：

"无道人之短，无说己之长。"——汉·崔瑗《座右铭》

释义：

议论别人的好坏是非。

成语故事：

道听途说

战国时期，齐国有一人叫艾子。有一次，他遇到了一个叫毛空的人。毛空告诉艾子说："有一户人家的一只鸭一次下了100个蛋。"艾子听了，根本不相信，就说："这不可能！"毛空改口说："是两只鸭子一次下了100个蛋。"艾子还是说："这也不可能。"毛空又说了："大概是3只鸭子吧。"艾子还是不信。毛空便一次又一次地增加鸭子的数目，一直加到10只。艾子便说："你把鸭蛋的数目减少一些不行吗？"毛空说："那不行！宁增不减。"

这个爱说空话的毛空又和艾子说："上个月，天上掉下一块肉，有10丈宽，10丈长。"艾子听了,不信地问:"哪有这事? 这根本就是不可能的。"毛空又说:"那大概有20丈长吧。"

艾子终于忍不住问道:"世上哪有10丈长、10丈宽的肉呢? 还是从天上掉下来的。掉到什么地方? 你见过吗? 你刚才说的鸭子又是哪一家的?"

这回毛空挠挠头,有些不好意思地说:"我是从街上听来的。"

子曰:"道听而途说,德之弃也。"意思是:孔子说:"从道途中听了没有根据的话而乱传,是很不道德的。"

短兵相接→接二连三→三心二意→意气风发→
发扬光大→大智若愚→愚公移山→山穷水尽→

短兵相接

出处:

"车错毂兮短兵接。"——战国·楚·屈原《九歌·国
殇》

释义:

短兵:刀剑等短兵器;接:交战。意思是车轴相撞,刀

剑相碰。指作战时近距离厮杀。后来也比喻双方面对面

进行尖锐的斗争。

反义词:

和风细雨　拐弯抹角

趣味链接:

(谜语)兑去车马炮之后(打一成语)谜底:短兵相
接

(歇后语)战场上拼刺刀——短兵相接

接二连三

出处:

"于是接二连三,牵五挂四,将一条街烧得如'火焰山'一般。"——清·曹雪芹《红楼梦》第一回

释义:

一个接着一个,接连不断。

反义词:

后继无人 断断续续

趣味链接:

(歇后语)从一算起——接二连三

三心二意

出处:

"怎奈是匪妓,都三心二意。"——元·关汉卿《救风尘》第一折

释义:

又想这样又想那样,犹豫不定。常指不安心,不专一。

反义词:

一心一意 专心致志

趣味链接：

（歇后语）一双脚踏两只船——三心二意　五个人值事——三心二意

意气风发

出处：

"武皇之兴也，以道凌残，意气风发。"——三国·魏·曹植《魏德论》

释义：

意气：意志与气概；风发：形容俊伟豪迈。形容精神振奋，气概豪迈。

反义词：

萎靡不振　心灰意冷　垂头丧气　心如死灰

发扬光大

出处：

"坤厚载物，德合无疆，含弘光大，品物咸亨。"——《周易·坤》

释义：

使好的作风、传统等得到发展和提高。

大智若愚

出处:

"大勇若怯,大智如愚。——宋·苏轼《贺欧阳少师致仕启》

释义:

若:好像。才智出众的人在处理很多日常事情上显得很傻,很吃亏,但是在事关他的根本大事上却做得很出色,很成功。

反义词:

深藏若谷 锋芒毕露 不可一世 愚不可及

趣味链接:

(歇后语)扮猪吃老虎——大智若愚

愚公移山

出处:

"愚公移山宁不智,精卫填海未必痴。"——宋·张耒《柯山集·山海》

释义:

比喻做事有毅力,有恒心,坚持不懈,不怕困难。

反义词：

虎头蛇尾　有头无尾　有始无终　半途而废

山穷水尽

出处：

"山重水复疑无路,柳暗花明又一村。"——宋·陆游《游山西村》

释义：

山和水都到了尽头。比喻无路可走陷入绝境。

反义词：

柳暗花明

趣味链接：

（歇后语）悬崖临海——山穷水尽

成语故事：

山穷水尽

清朝有位小说家蒲松龄写了《聊斋志异》,其中有一则是"李八缸"的故事:李八缸是一位很有名的富翁,因为他喜欢把自己的金子收藏在缸里,所以人家就叫他"李八缸"。在他年老病重的时候,李八缸把财产分给了两个儿子。哥哥分到了八成,弟弟李月生却只分到了两成。李八缸悄悄告诉月生,不是他偏爱哥哥,而是他另外帮月生藏了金子,要等到月生走投无路、山穷水尽的时候才能给他。所以"山穷水尽"这句成语除无路可前进之外,亦有走投无路的意思。

金戈铁马→马不停蹄→啼笑皆非→飞蛾扑火→
火上浇油→游刃有余→余音绕梁→良莠不齐→

金戈铁马

出处：

"金戈铁马，蹂贱于明时。"——《新五代史·李袭吉传》

释义：

戈闪耀着金光，马配备了铁甲。比喻战争。也形容战士持枪驰马的雄姿。

反义词：

轻歌曼舞 天下太平

马不停蹄

出处：

"赢的他急难措手，打的他马不停蹄。"——元·王实甫《丽春堂》第二折

释义:

马不停止跑动。比喻一刻也不停留，一直前进。

反义词:

望而却步 停滞不前 踌躇不前 踯躅不安

啼笑皆非

出处:

"殷鲜一相杂，啼笑两难分。"——唐·李商隐《槿花二首》

释义:

皆非：都不是。哭也不是，笑也不是，不知如何才好。形容处境尴尬或既令人难受又令人发笑的行为。

反义词:

镇定自若

飞蛾扑火

出处:

"如飞蛾之赴火，岂焚身之可吝。"——《梁书·到溉传》

释义:

飞蛾扑到火上，比喻自取灭亡，也比喻不顾一切地奔赴所向往的目标。

反义词：

所向披靡 量力而行 明哲保身

趣味链接：

（歇后语）飞蛾扑火——自取灭亡

火上浇油

出处：

"我见了他扑邓邓火上浇油。"——元·关汉卿《金线池》第二折

释义：

比喻使人更加愤怒或使情况更加严重。

反义词：

雪中送炭

趣味链接：

（歇后语）辣椒棒敲破头——火上浇油 救火踢倒煤油罐——火上浇油

游刃有余

出处：

"彼节者有间,而刀刃者无厚;以无厚入有间,恢恢乎其于游刃必有余地矣。"——先秦·庄周《庄子·养生主》

释义：

游:运转;刃:刀口;余:余地。刀刃运转于骨节空隙中,有回旋的余地。比喻技术熟练,经验丰富,解决问题毫不费力。

反义词：

捉襟见肘 一筹莫展 无从下手

余音绕梁

出处：

"昔,韩娥东之齐,匮粮,过雍门,鬻歌假食,既去而余音绕梁,三日不绝。"——《列子·汤问》。

释义：

停止唱歌后,余音好像还在绕着屋梁回旋,形容歌声或音乐优美,耐人寻味。

反义词：

不堪入耳

趣味链接：

（谜语）余音绕梁（打一成语）谜底：曲折

良莠不齐

出处：

"且说彼时捐例大开，各省候补人员十分拥挤，其中鱼龙混杂，良莠不齐。"——清·李宝嘉《官场现形记》第五十六回

释义：

莠：狗尾草，比喻品质坏的人。好人坏人都有，混杂在一起。

反义词：

泾渭分明

成语故事：

游刃有余

先秦时期，梁惠王有一个叫庖丁的厨师，以宰牛的技术高明而闻名。有一天，梁惠王去看他解牛，只见他技术十分娴熟，进刀之迅速，出刀之利落，都让梁惠王叹为观止。于是梁惠王忍不住问他："你如何做到如此神奇的呢？"

庖丁回答说："我的技术高超，不仅仅是因为熟练，最重要的是掌握了其中的规律，摸清了牛的骨骼结构，所以，我这把刀虽然用了十九年，解剖的牛已有几千头，可是刀口还是像新磨过的一样锋利。因为牛的骨节之间是有间隙的，而刀刃是磨得很薄的，用很薄的刀刃来分解有间隙的骨节，当然是宽绰而有余地的了。"

这里借用这个成语比喻有了好的工匠，就算要修建很大的宫殿，很高的楼台也很轻易而毫不费事。

杞人忧天→天衣无缝→蜂拥而上→上行下效→
笑里藏刀→刀山火海→海阔天空→空前绝后→

杞人忧天

出处：

"杞国有人忧天地崩坠,身亡所寄,废寝食者。"——战国·列子《列子·天瑞》

释义：

杞:周代诸侯国名,在今山东潍坊黄旗堡一带。比喻不必要的或缺乏根据的忧虑和担心。

反义词：

无忧无虑　若无其事

天衣无缝

出处：

"天衣本非针线为也。"——五代·前蜀·牛峤《灵怪录·郭翰》

释义：

原指仙女的衣服没有针线缝过的痕迹,现用来比喻

事物周密完善,找不出什么毛病。通常形容计划周密严谨,或做事情不留痕迹。

反义词:

千疮百孔 漏洞百出 破绽百出

蜂拥而上

出处:

"墨雨遂掇起一根门闩,扫红、锄药手中都是马鞭子,蜂拥而上。"——清·曹雪芹《红楼梦》第九回

释义:

形容许多人一起拥上来。

上行下效

出处:

"教者,效也,上为之,下效之。"——东汉·班固《白虎通·三教》

释义:

行:做;效:仿效。上面的人怎么做,下面的人就跟着怎么干。多指不好的事。

反义词:

源清流洁 根正苗红

趣味链接：

（谜语）省里带头县（打一成语）谜底：上行下效

上行下效（打一字）谜底：爻

笑里藏刀

出处：

"义府貌状温恭，与人语必嬉怡微笑，而褊忌阴贼。既处要权，欲人附己，微忤意者，辄加倾陷。故时人言义府笑中有刀。"——《旧唐书·李义府传》。

释义：

形容对人外表和气，却阴险毒辣。

反义词：

肝胆相照 赤诚待人 推心置腹

刀山火海

出处：

"我一生已来，或登刀山剑树地狱，或堕火坑……"——汉·高安世泽《佛说鬼问目连经》

释义：

比喻极其危险和困难的地方。

反义词：

风平浪静

成语接龙

海阔天空

出处：

"青鸾脉脉西飞去，海阔天高不知处。"——唐·刘氏瑶《暗离别》

释义：

像大海一样辽阔，像天空一样无边无际，形容大自然的广阔。比喻言谈议论等漫无边际，没有中心。也形容性格豪放不羁。

反义词：

谨小慎微　弹丸之地　丝丝入扣

空前绝后

出处：

"顾（顾恺之，晋代画家）冠于前，张（张僧繇，南朝梁代画家）绝于后，而道子（吴道子，唐代画家）乃兼有之。"——宋·赵佶《宣和画谱》

释义：

空前绝后：指从前没有过，今后也不会再有。夸张性地形容独一无二。

反义词：

比比皆是

趣味链接：

（歇后语）马镫子钉掌——空前绝后（谜语）无始无终(打一成语)谜底:空前绝后

成语故事：

笑里藏刀

三国时期,荆州因为地理位置十分重要,成为兵家必争之地。公元217年,鲁肃病死。孙、刘联合抗曹结束。当时是关羽镇守荆州,孙权很早就想夺取荆州,只是苦于时机尚未成熟而按兵不动。鲁肃死后不久,关羽发兵进攻曹操控制的樊城,怕有后患,留下重兵保卫荆州。孙权手下的大将吕蒙觉得夺取荆州的时机到了,但因为自己有病在身,就建议孙权派当时毫无名气的青年将领陆逊接替自己的位置,驻守陆口。

陆逊上任,行事十分低调,定下了与关羽假和好、真备战的策略。他给关羽写去一信,信中极力夸耀关羽,称关羽功高威重,可与晋文公、韩信齐名。而自己只是一介书生,年轻无为,难担大任,要关羽多加指教。

关羽为人,向来是骄傲自负,目中无人。读

罢陆逊的信,信以为真,仰天大笑,说道:"无虑江东矣。"于是马上从防守荆州的守军中调出大部人马,一心一意攻打樊城。陆逊又暗中派人向曹操通风报信,约定双方一起行动,夹击关羽。

孙权派吕蒙为先锋,向荆州进发。吕蒙将精锐部队埋伏在改装成商船的战舰内,日夜兼程,突然袭击,攻下南部。关羽得知此事,急忙调兵回师,但为时已晚,孙权大军已占领荆州。

关羽只得败走麦城。

《孙子兵法》的"始计篇"讲了兵家的"十二诡道法",其中第二条叫"用而示之不用"。而"三十六计"中的"笑里藏刀"之计,是对孙子这一谋略思想的具体化。笑里藏刀,原意是指那种口蜜腹剑,两面三刀,"口里喊哥哥,手里摸家伙"的做法。这是一种表面友善而暗藏杀机的谋略。吕蒙正是用此计打败关羽。

后生可畏→为非作歹→待字闺中→中流砥柱→
著书立说→说一不二→耳提面命→名落孙山→

后生可畏

出处:

"后生可畏,焉知来者之不如今也?"——先秦·孔子《论语·子罕》

释义:

后生:青年人,后辈;畏:敬畏,佩服。指青年人势必超过前辈,令人敬畏。

反义词:

少不更事　乳臭未干

为非作歹

出处:

"我且拿起来,只一口将他吞于腹中,看道可还有本事为非作歹。"——元·尚仲贤《柳毅传书》

释义:

为、作:做;非、歹:坏事。比喻做种种坏事。

反义词：

安分守己 循规蹈矩

待字闺中

出处：

"女子许嫁，笄而字。"——《礼记·曲礼上》

释义：

闺：女子卧室。字：古代时作为名的解释补充，这里引申为许配、出嫁。女子可以出嫁又尚未出嫁叫"待字闺中"。留在闺房之中，等待许嫁。旧指女子成年待聘。

中流砥柱

出处：

"而二公在朝，天下望之，屹立若中流之砥柱，有所恃而不恐。"——宋·朱熹《与陈侍郎书》

释义：

砥：质地很细的磨刀石。比喻坚强而能起支柱作用的人或集体。

反义词：

随波逐流

著书立说

出处:

"扬雄亦慕仲尼之教者,以著书立言为事,得自易哉。"——唐·陈黯《言风》

释义:

著:写作;立:成就;说:学说。写书或文章,创立自己的学说。

说一不二

出处:

"褚一官平日在他泰山眼前还有个东闪西挪,到了在他娘子跟前却是从来说一不二。"——清·文康《儿女英雄传》第40回

释义:

形容说话算数,说了就不改变。

反义词:

出尔反尔、言而无信

趣味链接:

(灯谜)响应独生号召(打一成语)谜底:说一不二

耳提面命

出处:

"匪面命之,言提其耳。"——《诗经·大雅·抑》

释义:

指贴着或附着耳朵叮嘱他,表示教诲的殷勤恳切。多形容长辈的教导热心恳切。

反义词:

旁敲侧击

名落孙山

出处:

吴人孙山,滑稽(gǔ jī)才子也。赴举他郡,乡人托以子偕往。乡人子失意,山名榜末,先归。乡人问其子得失,山曰:"解名尽处是孙山,贤郎更在孙山外。"——宋·范公称《过庭录》

释义:

名字落在榜末孙山的后面。指考试或选拔没有被录

取。

成语故事：

后生可畏

中国古代有名的教育家孔子,有一次驱车游历的时候,碰见了三个小孩,有两个正在玩耍,而另一个小孩却只站在旁边看着。

孔子感到很奇怪,就问站着的小孩:"你为什么不和大家一起玩呢?"

小孩很认真地回答:"激烈的打闹能害人的性命,拉拉扯扯的玩耍也会伤人的身体;再退一步说,就算撕破了衣服,也没有什么好处啊。所以我不愿和他们玩。这有什么好奇怪的呢?"

过了一会儿,小孩用泥土堆了一座城堡,自己坐在里面,好久不出来,也不给准备动身的孔子让路。

孔子忍不住又问:"你坐在里面,为什么不避让车子?"

小孩看了孔子一眼,说得理所当然:"我只听说车子要绕城走,没有听说过城堡还要避车子的!"

孔子非常惊讶,觉得这么小的孩子,竟如此会说话,于是赞叹他说:"你这么小的年纪,懂得的事理真不少呀!"

小孩却不以为然,回答说:"我听人说,鱼生下来,三天就会游泳,兔生下来,三天就能在地里跑,马生下来,三天就可跟着母马行走,这些都是自然的事,有什么大小可言呢?"

孔子不由感叹地说:"好,我现在才知道少年人也是了不起的!"

山珍海味→未卜先知→知人善任→任劳任怨→
怨天尤人→人面兽心→心心相印→饮鸩止渴→

山珍海味

出处：

"山珍海错弃藩篱，烹犊羊羔如折葵。"——唐·韦应物《长安道诗》

释义：

山野和海中出产的各种珍异食品。泛指丰盛的菜肴。

反义词：

粗茶淡饭　家常便饭

未卜先知

出处：

"卖弄杀《周易》阴阳谁似你，还有个未卜先知意。"——元·无名氏《桃花女破法嫁周公》第三折

释义：

没有占卜便能事先知道。形容有预见及先见之明。

反义词：

　　事后诸葛

趣味链接：

　　（谜语）预言（打一成语）谜底：未卜先知

知人善任

出处：

　　"盖在高祖，其兴也有五：一曰帝尧之功裔，二曰体貌多奇异，三曰神武有征应，四曰宽明而仁恕，五曰知人善任使。"——汉·班彪《王命论》

释义：

　　知：了解，知道。任：任用，使用。比喻只有善于认识人的品德和才能，才能最合理地举用他。

反义词：

　　任人唯亲

任劳任怨

出处：

　　"夫食万人之力者，蒙其忧，任其怨劳。"——汉·桓宽《盐铁论·刺权》

释义：

　　任：承受，担当。比喻做事不辞劳苦，不埋怨劳累。

反义词：

　　怨天尤人

怨天尤人

出处:

"不怨天,不尤人,下学而上达。"——先秦·孔子《论语·宪问》

释义:

尤:责备。埋怨上天,责备别人。形容对不如意的事一味强调客观因素。

人面兽心

出处:

"夏桀、殷纣、鲁醒、楚穆,状貌七窍皆同于人,而有禽兽之心。"——《列子·黄帝》

释义:

面貌虽然是人,但心肠像野兽一样凶狠。形容为人凶残卑鄙,品德极坏。

反义词:

正人君子

趣味链接:

(谜语)猴子(打一成语)谜底:人面兽心

心心相印

出处：

"迦叶以来，以心印心，心心不异。"——《黄檗传心法要》

释义：

心：心意，思想感情；印：符合。佛教语，彼此的心意不用说出，就可以互相了解。形容彼此思想感情完全一致。

反义词：

格格不入　话不投机

趣味链接：

（歇后语）肚里装公章灯——心心相印

饮鸩止渴

出处：

"譬犹疗饥于附子，止渴于鸩毒，未入肠胃，已绝咽喉，岂可为哉！"——《后汉书》

释义：

鸩：传说中的毒鸟，用它的羽毛浸的酒喝了能毒死人。喝毒酒解渴。比喻用错误的办法来解决眼前的困难而不顾严重后果。

反义词：

从长计议

成语故事：

怨天尤人

春秋时期，孔子终其一生都在为实现自己的主张而忙碌奔波，但是当时很少有人采纳他的政治主张，于是孔子忍不住对学生发感慨。子贡就问他为什么会有感慨。孔子说自己不怨天，不尤人，下学而上达。努力学习一些平常的知识，却透彻了解很多的道理，只有老天才了解自己。

可歌可泣→泣不成声→声东击西→惜墨如金→
筋疲力尽→噤若寒蝉→蟾宫折桂→贵人多忘事→

可歌可泣

出处:

"得敌,或鼓或罢,或泣或歌。"——《周易·中孚》

释义:

泣:不出声地流泪。值得歌颂、赞美,使人感动流泪。
形容英勇悲壮的感人事迹。

反义词:

歌功颂德

趣味链接:

(歇后语)唱戏的淌眼泪——可歌可泣 (谜语)哀乐
(打一成语)谜底:可歌可泣

泣不成声

出处:

"尧崩,禹服三年之丧,如丧考妣,昼夜哭泣,气不属

声。"——汉·赵晔《吴越春秋·越王无余外传》

释义：

泣，低声哭。哭得噎住了；连声音也发不出来。形容极度悲伤。

反义词：

笑容可掬 欢天喜地

趣味链接：

（谜语）相顾无言，唯有泪两行（打一成语）谜底：泣不成声

声东击西

出处：

"故用兵之道，示之以柔而迎之以刚，示之以弱而乘之以强，为之以歙而应之以张，将欲西而示之以东……"——《淮南子·兵略训》

释义：

指造成要攻打东边的声势，实际上却攻打西边。是使对方产生错觉以出奇制胜的一种战术。

反义词：

无的放矢

惜墨如金

出处：

"李成惜墨如金，是也。"——明·陶宗仪《辍耕录》卷八

释义：

惜：爱惜。爱惜墨就像金子一样。指不轻易动笔。

反义词：

连篇累牍　拖泥带水

筋疲力尽

出处：

"蹇驴不材，骏骥失时，筋劳力尽，罢于沙丘。"——汉·焦延寿《焦氏易林·巽》

释义：

精神疲乏，气力用尽。形容精神和身体极度疲劳。

反义词：

精神抖擞　精力充沛

噤若寒蝉

出处：

"刘胜位为大夫，见礼上宾，而知善不荐，闻恶无言，隐情惜己，自同寒蝉，此罪人也。"——《后汉书·杜密传》

释义：

噤：闭口不做声。像深秋的蝉那样一声不吭。比喻因害怕有所顾虑而不敢说话。

反义词：

口若悬河 侃侃而谈

蟾宫折桂

出处：

"武帝于东堂会送，问诜曰：'卿自以为如何？'诜对曰：'臣鉴贤良对策，为天下第一，犹桂林之一枝，昆山之片玉。'"——《晋书·郤诜传》

释义：

蟾宫：月宫。攀折月宫桂花。科举时代比喻应考得中。

贵人多忘事

出处：

"倘也贵人多忘，国士难期，使仆一朝出其不意，与君并肩台阁，侧眼相视，公始悔而谢仆，仆安能有色于君乎？"——五代·王定保《唐摭言》卷二

释义：

高贵者往往善忘。原指高官态度傲慢，不念旧交，后用于讽刺人健忘。

成语故事：

声东击西

东汉时期，班超出使西域，目的是要团结西域诸国共同对抗匈奴。为了使西域诸国便于共同对抗匈奴，必须先打通南北通道。当时地处大漠西缘的莎车国，煽动周边小国，归附匈奴，反对汉朝。班超觉得首要任务就是要平定莎车。

莎车国国王北向龟兹求援，龟兹王亲自率领五万人马，援救莎车。班超联合于阗等国，只有二万五千的兵力，敌众我寡，难以力克，必须智取。于是班超定下了声东击西之计，以迷惑敌

人。他派人在军中散布对自己的不满言论,制造打不赢龟兹要撤退的迹象,特别让莎车奸细俘虏听得一清二楚。

这天黄昏,班超命于阗大军向东撤退,自己率部向西撤退,表面上显得慌乱,并且故意放俘虏趁机脱逃。俘虏逃回莎车营中,急忙报告汉军慌忙撤退的消息。龟兹王大喜,误认班超惧怕自己而慌忙逃窜,想趁此机会,追杀班超。他立刻下令兵分两路,追击逃敌。他自己则亲自率一万精兵向西追杀班超。班超胸有成竹,趁夜幕笼罩大漠,撤退仅十里地,部队即就地隐藏。龟兹王求胜心切,率领追兵从班超隐蔽处飞驰而过,待龟兹王的部队走后,班超立即集合部队,与事先约定的东路于阗人马,回师杀向莎车。班超的部队如从天而降,莎车猝不及防,很快就败了。莎车王惊魂未定,逃走不及,只得请降。龟兹王气势汹汹,追走一夜,却未见班超部队踪影,又听得莎车已被平定,人马伤亡稍重的报告,大势已去,只有收拾残部,悻悻然返回龟兹。

事必躬亲→亲密无间→见钱眼开→开门揖盗→
道不拾遗→意气相投→投笔从戎→容光焕发→

事必躬亲

出处：

"伏以周人之礼，唯有籍田，汉氏之荐，但闻时果，则未有如陛下严祗于宗庙，勤俭于生人，事必躬亲，动合天德。"——唐·张九龄《谢赐大麦面状》

释义：

躬亲：亲自。不论什么事一定要亲自去做，亲自过问。形容办事认真，毫不懈怠。

反义词：

游手好闲 好吃懒做

亲密无间

出处：

"萧望之历位将相，藉师傅之恩，可谓亲昵之间。及至谋泄隙开，谗邪构之，卒为便嬖宦竖所图，哀哉！"——东汉·班固《汉书·萧望之传赞》

释义：

关系亲密，没有隔阂。形容关系十分密切，没有丝毫隔阂。

反义词：

敬而远之 视同陌路

趣味链接：

（歇后语）一张席子睡两人——亲密无间

见钱眼开

出处：

"弃旧迎新，见钱眼开，自然之理。"——明·兰陵笑笑生《金瓶梅词话》第八十一回

释义：

看到钱财，眼睛就睁大了。形容人贪财。

反义词：

见利思义

开门揖盗

出处：

"张昭对十八岁刚刚死了哥哥的孙权说：'况今奸宄竞逐，豺狼满道，乃欲哀亲戚，顾礼制，是犹开门而揖盗，未可以为仁也。'"——《三国志·吴志·吴主传》

释义：

揖：拱手作礼。开门请强盗进来。比喻引进坏人，招致祸患。

反义词：

敬而远之　如临大敌

道不拾遗

出处：

"期年之后,道不拾遗,民不妄取,兵革强大,诸侯畏惧。"——《战国策·秦策一》

释义：

遗:失物。路上没有人把别人丢失的东西拾走。形容社会风气好。

反义词：

打家劫舍

意气相投

出处：

"咱意气相投,你知我心忧。"——元·官大用《范张鸡黍》

释义：

意气:志趣性格;投:合得来。指志趣和性格相同的人,彼此投合。

反义词：

臭味相投　一丘之貉

投笔从戎

出处:

"大丈夫无他志略,犹当效傅介子,张骞立功异域,以取封侯,安能久事笔砚间乎?"——《后汉书·班超传》

释义:

从戎:从军,参军。扔掉笔去参军。指文人从军。

反义词:

解甲归田

趣味链接:

(谜语)秀才当兵(打一成语)谜底:投笔从戎

容光焕发

出处:

"母亦喜,为女盥濯,竟妆,容光焕发。"——清·蒲松龄《聊斋志异·阿绣》

释义:

容光:脸上的光彩;焕发:光彩四射的样子。形容身体好,精神饱满。

反义词:

垂头丧气 筋疲力尽

成语故事:

投笔从戎

　　班超是东汉一个很有名气的将军,他从小就心怀大志,努力用功,对未来也充满了理想。公元62年,班固被明帝刘庄召到洛阳,做了一名校书郎,班超和母亲也跟着一起去了。当时,班超只能找一个替官家抄书的差事挣钱养家。但是,由于班超是个有远大志向的人,他不甘心一辈子只做这种乏味的抄写工作。

　　有一天,他正在抄写文件的时候,突然觉得很烦,忍不住丢下笔,站起来说:"大丈夫应该像傅介子、张骞那样,在战场上立下功劳,怎么可以在这种抄抄写写的小事中浪费生命呢!"傅介子和张骞两个人,生在西汉,曾经出使西域,替西汉立下无数功劳。因此,班超决定学习傅介子、张骞,为国家作贡献。后来,他当上一名军官,在对匈奴的战争中,得到胜利。接着,他建议和西域各国来往,以便共同对付匈奴。后来,班超出使西域,终于立了功被封了侯。班超一直在西域呆了三十一年。其间,他靠着智慧和胆量,

度过了各式各样的危机。

发愤图强→强词夺理→理直气壮→壮志凌云→
云蒸霞蔚→蔚然成风→风起云涌→勇往直前→

发愤图强

出处:

"其为人也,发愤忘食,乐以忘忧。"——《论语·述而》

释义:

愤:决心努力;图:谋求。决心奋斗,努力谋求强盛。

反义词:

胸无大志 无所作为 妄自菲薄

强词夺理

出处:

"座上一人忽曰:'孔明所言,皆强词夺理,均非正论,不必再言。'"——明·罗贯中《三国演义》第四十三回

释义:

强词:强辩;夺:争。指无理强辩,明明没理硬说有理。

反义词：

理直气壮　不言而喻

理直气壮

出处：

"便捉我到阎罗殿前，我也理直气壮，不怕甚的。"——明·冯梦龙《古今小说》卷三十一

释义：

理直：理由正确、充分；气壮：气势旺盛。理由充分，说话气势就壮。

反义词：

强词夺理　理屈词穷

壮志凌云

出处：

"往时武帝好神仙，相如上《大人赋》，欲以风，帝反缥缥有凌云之志。"——汉·班固《汉书·扬雄传》

释义：

凌：升上。壮志：宏大的志愿；凌云：直上云霄。形容理想宏伟远大。

反义词：

垂头丧气　暮气沉沉　无所作为

云蒸霞蔚

出处：

"千岩竞秀，万壑争流。草木葱茏其上，若云兴霞蔚。"——南朝宋·刘义庆《世说新语·言语》

释义：

蒸：上升；蔚：弥漫。像云霞升腾弥漫。形容景物灿烂绚丽。

反义词：

漆黑一团 暗淡无光

蔚然成风

出处：

"日本国内，自望族以至一般文士，模仿唐诗蔚然成风。"——范文澜《中国通史》第三编第七章第八节

释义：

蔚然：草木茂盛的样子。指一件事情逐渐发展盛行，形成一种良好风气。

风起云涌

出处:

"划然长啸,草木震动,山鸣谷应,风起水涌。"——宋·苏轼《后赤壁赋》

释义:

大风刮起,乌云像水一样涌现,比喻许多事物相继兴起,声势浩大。

反义词:

风流云散 风平浪静

趣味链接:

(谜语)暴雨前夕(打一成语)谜底:风起云涌

勇往直前

出处:

"不顾旁人是非,不计自己得失,勇往直前,说出人不敢说的道理。"——宋·朱熹《朱子全书·道统一·周子书》

释义:

勇敢地一直向前进,比喻有充足的勇气。

反义词:

　　畏缩不前　畏首畏尾　望而却步　趑趄不前　停滞不前　缩手缩脚

成语故事:

发愤图强

　　春秋时期,孔子带领学生周游列国讲学,来到楚国叶邑。叶公沈诸梁接待了他,但是他对孔子不怎么了解,于是就悄悄地问孔子的学生子路孔子是个怎样的人。子路当时不知怎么回答他。孔子事后得知此事,就对子路说:"以后别人再问你,你就说'其为人也,发愤忘食,乐以忘忧,不知老之将至'。"

千方百计→急流勇退→退避三舍→舍己为人→
人山人海→海底捞针→针锋相对→对牛弹琴→

千方百计

出处：

"譬如捉贼相似,须是着起气力精神,千方百计去赶他。"——《朱子语类·论语十七》

释义：

想尽或用尽一切办法。

反义词：

无计可施 束手无策

急流勇退

出处：

"火色上腾虽有数,急流勇退岂无人。"——宋·苏轼《赠善相程杰》

释义：

在急流中勇敢地立即退却。比喻做官的人在得意时为了避祸而及时引退。

反义词：

激流勇进 知难而进

退避三舍

出处：

"晋楚治兵，遇于中原，其敝君三舍。"——《左传·僖公二十三年》

释义：

舍：古时行军计程以三十里为一舍。比喻对人让步，不与相争。

反义词：

针锋相对 锋芒毕露

舍己为人

出处：

《论语·先进》："夫子喟然叹曰：'吾与点也。'"朱熹注："初无舍己为人之意，而其胸次悠然，直与天地万物上下同流，各得其所之妙。"

释义：

舍，舍弃。原指放弃自己的见解，随声附和别人。现指舍弃自己的利益去帮助别人。

反义词：

损人利已 假公济私

趣味链接：

（谜语）让房（打一成语）谜底：舍己为人

人山人海

出处：

"每日有那一般打散，或是戏舞，或是吹弹，或是歌唱，赚得那人山人海价看。"——明·施耐庵《水浒全传》第五十一回

释义：

形容人聚集得非常多。

反义词：

荒无人烟 人迹罕至

海底捞针

出处：

"俊儿夫似海内寻针，姻缘事在天数临，无缘分怎的消任？直耽搁到如今。"——元·吴昌龄《二郎收猪八戒》第三折

释义：

在大海里捞一根针。形容很难找到。

反义词：

行之有效

针锋相对

出处：

"夫一切问答,如针锋相投,无纤毫参差。"——宋·释道原《景德传灯录》第25卷

释义：

针锋,针尖。针尖对针尖。比喻双方策略、观点及行动等尖锐对立。也比喻在斗争中针对对方的言行等采取相应的行动、措施

反义词：

逆来顺受

趣味链接：

（歇后语）刺猬钻进蒺藜堆——针锋相对 稻尖碰麦芒——针锋相对

（谜语）针尖对麦芒（打一成语）谜底:针锋相对

对牛弹琴

出处：

"公明仪为牛弹清角之操,伏食如故。非牛不闻,不合其耳矣。"——汉·牟融《理惑论》

释义：

比喻对蠢人谈论高深的道理，白费口舌。讥笑听话的人不懂对方说的是什么，也用以讥笑说话的人不看对象。

反义词：

谈笑风生　有的放矢　知音识曲

趣味链接：

（歇后语）抱着琵琶进磨坊——对牛弹琴　对牛弹琴——牛不入耳　对牛弹琴——白费劲　对牛弹琴——不通音律

成语故事：

退避三舍

春秋时候，晋献公听信谗言，杀了太子申生，又派人捉拿申生的异母兄长重耳。重耳听闻消息，逃出了晋国。

重耳到了楚国，楚成王设宴款待他，并问道："如果公子返回晋国，拿什么来报答我呢？"

重耳回答说："男女仆人、宝玉丝绸，您都已经有了；鸟羽、兽毛、象牙和皮革，都是贵国的特产。那些遍及到晋国的，都是您剩下的。我拿什么来报答您呢？"

楚成王说："即使是这样，你也总得拿点什

么来报答我吧？"

重耳想了一下回答说："如果托您的福，我能返回晋国，一旦晋国和楚国交战，双方军队在中原碰上了，我就让晋军退避九十里地。如果得不到您退兵的命令，我就只好左手拿着马鞭和弓梢，右边挂着箭袋和弓套奉陪您较量一番。"

楚国大夫子玉请求成王杀掉公子重耳。

楚成王说："晋公子重耳志向远大而生活俭朴，言辞文雅又合乎礼仪，而他的随从态度恭敬而待人宽厚，忠诚而尽力。现在晋惠公没有亲近的人，国内外的人都憎恨他。我听说姓姬的一族中，唐叔的一支是衰落得最迟的，恐怕要靠晋公子来振兴吧？上天要让他兴盛，谁又能废除他呢？违背天意，必定会遭大祸。"

于是楚成王没有杀他，反而派人把重耳送去了晋国。

晋文公重耳即位以后，整顿内政，发展生产，把晋国治理得渐渐强盛起来。他也想能像齐桓公那样，做个中原的霸主。宋襄公的儿子宋成公来讨救兵，说楚国派大将成得臣率领楚、陈、

蔡、郑、许五国兵马攻打宋国。大臣们都说："楚国老是欺负中原诸侯，主公要扶助有困难的国家，建立霸业，这可是时候啦。"

晋文公早就看出，要当上中原霸主，就得打败楚国。他就扩充队伍，建立了三个军，浩浩荡荡去救宋国。晋军打下了归附楚国的两个小国——曹国和卫国，把两国国君都俘虏了。楚成王本来并不想同晋文公交战，听到晋国出兵，立刻派人下命令叫成得臣退兵。可是成得臣以为宋国迟早可以拿下来，不肯半途而废。成得臣先派人通知晋军，要他们释放卫、曹两国国君。晋文公却暗地通知这两国国君，答应恢复他们的君位，但是要他们先跟楚国断交。曹、卫两国真的按晋文公的意思办了。

成得臣本想救这两个国家，不料他们倒先来跟楚国绝交。这一来，真气得他双脚直跳。他嚷着说："这分明是重耳这个老贼逼他们做的。"他立即下令，催动全军赶到晋军驻扎的地方去。楚军一进军，晋文公立刻命令往后撤，这样一来，晋军中有些将士想不开。狐偃解释说："打仗先要凭个理,理直气就壮。当初楚王曾经帮助过主公,主公在楚王面前答应过:要是两国交战,晋国情愿退避三舍。今天后撤,就是为了实现这个诺言啊。要是我们对楚国失了信,那么我们就理亏了。我们退了兵,如果他们还不罢休,步步进逼,那就是他们输了理,我们再跟他们交手还不迟。"

晋军一口气后撤了九十里,到了城濮(今山东鄄城西南),才停下来,布置好了阵势。

可是成得臣仍一步盯一步地追到城濮,跟晋军遥遥相对。

成得臣还派人向晋文公下战书,措词十分傲慢。晋文公也派人回答说:"贵国的恩惠,我们从来都不敢忘记,所以退让到这儿。现在既然你们不肯谅解,那么只好在战场上比个高低啦。"

大战开始,晋军把楚军杀得七零八落。晋文公连忙下令,吩咐将士们只要把楚军赶跑就是了,不再追杀。成得臣带了败兵残将回到半路上,自己觉得没法向楚成王交代,就自杀了。

晋军占领了楚国营地。把楚军遗弃下来的粮食吃了三天,才凯旋回国。

　　这就是历史上著名的"城濮之战"。

寝食不安→安居乐业→叶公好龙→龙腾虎跃→
跃跃欲试→事过境迁→千里之堤,溃于蚁穴→
雪中送炭→

寝食不安

出处:

"秦王恐之,寝不安席,食不甘味。"——西汉·刘向《战国策·齐策五》

释义:

睡不好觉,吃不好饭。十分忧虑担心的样子。

反义词:

安枕无忧

安居乐业

出处:

"民各甘其食,美其服,安其居,乐其俗,至老死不相往来。"——《老子》

释义：

安：安于。乐：喜爱，愉快。比喻安定地生活,愉快地
工作。

反义词：

民不聊生 水深火热 流离失所

趣味链接：

（谜语）家有喜事（打一成语）谜底:安居乐业

叶公好龙

出处：

"叶公子高好龙,钩以写龙,凿以写龙,屋室雕文以写
龙。于是夫龙闻而下之,窥头于牖,施尾于堂。叶公见之,
弃而还走,失其魂魄,五色无主。是叶公非好龙也,好夫似
龙而非龙者也。"——汉·刘向《新序·杂事五》

释义：

比喻口头上说爱好某事物,实际上并不真爱好。

反义词：

名副其实 名实相符

龙腾虎跃

出处：

"圣人受命，贤人受任，龙腾虎跃，风流云蒸，求之精微，其道莫不咸系乎天者也。"——唐·严从《拟三国名臣赞序》

释义：

像龙在飞腾，虎在跳跃。形容跑跳时动作矫健有力，也比喻奋起行动，有所作为。

反义词：

温文尔雅　死气沉沉

跃跃欲试

出处：

"一席话说得唐二乱子心痒难抓，跃跃欲试。"——清·李宝嘉《官场现形记》第三十五回

释义：

跃跃：急于要行动的样子；欲：要。跃跃欲试：形容心里急切地想试试。

反义词：

无动于衷

事过境迁

出处：

"黄绣球与黄通理事过境迁，已不在心上。"——清·颐琐《黄绣球》第三回

释义：

境：境况；迁：改变。事情已经过去，情况也变了。

千里之堤，溃于蚁穴

出处：

"千丈之堤，以蝼蚁之穴溃；百尺之室，以突隙之烟焚。"——先秦·韩非《韩非子·喻老》

释义：

指很长很长的堤坝，因为小小蚁虫的啃噬，最后也会被摧毁的。叫人不要小看自己的所犯的错误，一点点小错的积累会使你的人生毁于一旦。比喻小事不注意会酿成大祸或造成严重的损失。

反义词：

千里之行，始于足下　小不忍则乱大谋

雪中送炭

出处:

"不是雪中须送炭,聊装风景要诗来。"——宋·范成大《大雪送炭与芥隐》

释义:

在下雪天给人送炭取暖。比喻在别人急需时给以物质上或精神上的帮助。

反义词:

落井下石 投井下石

成语故事:

千里之堤,溃于蚁穴

古时候,临近黄河岸畔有一片村庄,为了防止黄患,农民们筑起了巍峨的长堤。一天有个老农偶尔发现蚂蚁窝一下子猛增了许多。老农心想这些蚂蚁窝究竟会不会影响长堤的安全呢?他要回村去报告,路上遇见了他的儿子。老农的儿子听了不以为然说:"偌坚固的长堤,还害怕几只小小蚂蚁吗?"说完拉老农一起下田了。当天晚上风雨交加,黄河里的水猛涨起来,开始咆哮的河水从蚂蚁窝渗透出来,继而喷射,终于堤决。

昙花一现→现身说法→法不徇情→情不自禁→
今非昔比→比比皆是→事半功倍→背道而驰→

昙花一现

出处：

"佛告舍利佛，如是妙法，诸佛如来，时乃说之，如优昙钵花，时一现耳。"——《妙法莲华经·方便品》

释义：

昙花：即优昙钵花，开放时间很短。比喻美好的事物或景象出现了一下，很快就消失。

反义词：

万古长青

现身说法

出处：

"我与彼前，皆现其身，而为说法，令其成就。"——《愣严经》卷六

释义：

　　佛教用语。指佛力广大，能现出种种人相，向人说法。现指以亲身经历和体验为例来说明某种道理。

反义词：

　　空谈快意

法不徇情

出处：

　　"居家为父子，受事为君臣，法不徇情，尔直深戒。"——明·罗贯中《三国演义》第七十二回

释义：

　　法：法律；徇：偏私；情：人情，私情。法律不徇私情。指执法公正，不讲私人感情。

反义词：

　　徇私枉法

情不自禁

出处：

　　"步月如有意，情来不自禁。"——南朝·梁·刘遵《七夕穿针》

释义：

禁：抑制。抑制不住自己的感情。

反义词：

不露声色 无动于衷 不动声色

今非昔比

出处：

"问讯南州守。怅吾生，今非昔比，后犹在否？"——宋·李曾伯《贺新郎·自和前韵》

释义：

昔：过去。现在不是过去能比得上的。多指形势、自然面貌等发生了巨大的变化。

反义词：

今不如昔

比比皆是

出处：

"犯白刃，蹈煨炭，断死于前者，比是也。"——《战国策·秦策一》

释义：

比比，处处。皆：全，都。到处都是，形容极其常见。

反义词：

寥寥无几 屈指可数 寥若晨星

趣味链接：

（谜语）复试全对（打一成语）谜底：比比皆是

事半功倍

出处：

"故事半古之人，功必倍之，唯此时为然。"——《孟子·公孙丑上》

释义：

指做事得法，因而费力小，收效大。

反义词：

得不偿失 舍近求远

背道而驰

出处：

"其余各探一隅，相与背驰于道者，其去弥远。"——唐·柳宗元《〈杨评事文集〉后序》

释义：

背：背向；道：道路；驰：奔跑。朝相反的方向跑去。比喻彼此的方向和目的完全相反。

反义词：

如出一辙 并驾齐驱

趣味链接：

（谜语）背道而驰（打一字）谜底:返

成语故事：

事半功倍

战国有个大思想家叫孟子,他有很多的学生。有一次他和他的学生公孙丑谈论统一天下的问题。他们先谈到周文王,说到当时文王以方圆仅一百里的小国为基础,因施行仁政而创立了丰功伟业;而如今天下老百姓都苦于战乱,以齐国这样一个地广人多的大国,如能推行仁政,要统一天下,与当时周文王所经历的许多困难相比,那就容易得多了。孟子最后说:"今天,像齐国那样的大国,如能施行仁政,天下百姓必定十分喜欢,犹如替他们解除痛苦一般。所以,给百姓的恩惠只及古人的一半,而获得的效果必定能够加倍。现在正是最好的时机呢！"

驰名中外→外强中干→肝胆相照→照猫画虎→
狐假虎威→威武不屈→屈指可数→鼠目寸光→

驰名中外

出处:

"赀拟王公,驰名天下。"——北魏·郦道元《水经注·涑水》

释义:

驰,传播。形容名声传播到国内和国外,表示传播的极远。

反义词:

臭名昭著 默默无闻

外强中干

出处:

"今乘异产以从戎事,及惧而变……外强中干,进退不可,周旋不能,君必悔之。"——《左传·僖公十五年》

释义：

干：枯竭。形容外表强壮，内里空虚。多用于形容一个人的体质、经济能力、国家实力等等。

反义词：

外柔内刚 坚不可摧 稳如泰山 牢不可破

肝胆相照

出处：

"臣愿披腹心，输肝胆，效愚计，恐足下不能用也。"——司马迁《史记·淮阴侯列传》

释义：

肝胆：指内心深处。比喻真诚的心；相照：相互能照见；照：知晓。比喻以赤诚之心对待人。词义：亦比喻以真心相见。

反义词：

钩心斗角 尔虞我诈

趣味链接：

（谜语）护心镜（打一成语）谜底：肝胆相照 腹部透视 谜底：肝胆相照

照猫画虎

出处：

"这大相公聪明得很，他是照猫画虎，一见即会套的人。"——《歧路灯》第十一回

释义：

比喻照着样子模仿。

狐假虎威

出处：

"虎求百兽而食之，得狐？……虎以为然，故遂与之行。兽见之皆走，虎不知兽畏己而走也，以为畏狐也。"——《战国策·楚策一》

释义：

假：借。狐狸假借老虎的威势。比喻依仗别人的势力欺压人。

反义词：

独步天下　独擅胜场

威武不屈

出处：

"富贵不能淫，贫贱不能移，威武不能屈。此之大丈夫。"——《孟子·滕文公下》

释义：

威武：权势，武力；屈：屈服。强暴的压力不能使之屈服。表示坚贞顽强。

反义词：

奴颜婢膝　奴颜媚骨

屈指可数

出处：

"自期殒命在春序，屈指数日怜婴孩。"——唐·韩愈《忆昨行和张十一》

释义：

扳着手指就可以数清楚，形容数量稀少。

反义词：

不可胜数　恒河沙数

鼠目寸光

出处：

"寻章摘句，别类分门，凑成各样新书，刻板出卖。吓得那一班鼠目寸光的时文朋友，拜到辕门，盲称吓赞。"——清·蒋士铨《临川梦》

释义：

形容目光短浅，没有远见。

反义词：

神通广大 高瞻远瞩 天高海阔。

趣味链接：

（歇后语）耗子戴眼镜——鼠目寸光

成语故事：

外强中干

古时候，秦国和晋国之间发生了战争。晋惠公要使用郑国赠送的马来驾车。大臣庆郑劝告惠公说："自古以来，打仗时都要用本国的好马，因为它土生土长，熟悉道路，听从使唤。用外国的马，不好驾驭，一遇到意外，就会乱踢乱叫。而且这种马外表看起来好像很强壮，实际上并没有什么能耐，怎么能作战呢？"但是惠公没有

听从庆郑的劝说。战斗打响后,晋国的车马便乱跑一气,很快陷入泥泞,进退不得。结果被秦军打得大败,晋惠公也被秦军活捉了。

光彩夺目→目瞪口呆→呆若木鸡→寄人篱下→
下不为例→力透纸背→背井离乡→相提并论→

光彩夺目

出处：

"乃令左右引于宫内游观，玉台翠树，光彩夺目。"——宋·张君房《云笈七签》卷一百一十三

释义：

夺目：耀眼。形容鲜艳耀眼。也用来形容某些艺术作品和艺术形象的极高成就。

反义词：

暗淡无光 黯然失色

目瞪口呆

出处：

"吓得项王目瞪口呆，动弹不得。"——元·无名氏《赚蒯通》第一折

释义:

形容因吃惊或害怕而发愣的样子。

反义词:

从容不迫 气定神闲 泰然自若 淡定自若

趣味链接:

(谜语)目瞪口呆(打一字)谜底:橙 (歇后语)
李逵装哑童——目瞪口呆

呆若木鸡

出处:

"几矣。鸡虽有鸣者,已无变矣,望之似木鸡矣,其德
全矣;异鸡无敢应者,反走矣。"——《庄子·达生》

释义:

呆:傻,发愣的样子。呆得像木头鸡一样。形容因恐
惧或惊异而发愣的样子。

反义词:

活泼可爱 神色自若

寄人篱下

出处：

"丈夫当删《诗》《书》，制礼乐，何至因循寄人篱下？"——《南齐书·张融传》。

释义：

寄：依靠；篱：篱笆。依附于他人篱笆下。比喻依附别人生活。

下不为例

出处：

"既然如此，只此一次，下不为例如何？"——清·张春帆《宦海》第十八回

释义：

下次不可以再这样做。表示只通融这一次。

反义词：

不厌其烦

力透纸背

出处:

"当其用锋,常欲使其透过纸背,此成功之极也。"——唐·颜真卿《张长史十二意笔法意记》

释义:

透:穿过。形容书法刚劲有力,笔锋简直要透到纸张背面。也形容诗文立意深刻,词语精练。

反义词:

轻描淡写

背井离乡

出处:

"送的他离乡背井,进退无门。"——元·贾仲名《对玉梳》第一折

释义:

背:离开;井:古制八家为井,引申为乡里,家宅。离开家乡到外地去工作或干事。

反义词:

衣锦还乡 安家立业 落叶归根

相提并论

出处:

"相提而论,是自明扬主上之过。"——西汉·司马迁《史记·魏其武安侯列传》

释义:

把不同的事物不加区别地混在一起来谈论或对待。

反义词:

一分为二 不可同日而语 分门别类

成语故事:

目瞪口呆

西汉初年,韩信被封为齐王,丞相萧何担心韩信兵权太大,就找樊哙共商计策。樊哙自鸣得意,连夸自己是如何斗败项羽,吓得他目瞪口呆,从而保住主公。面对这淮阴一匹夫且手无缚鸡之力的韩信,只需叫一两个人就可以把他一刀两断。

论功行赏→赏心悦目→目中无人→人迹罕至→
至理名言→掩耳盗铃→伶牙俐齿→齿白唇红→

论功行赏

出处：

"计功而行赏,程能而授事。"——《韩非子·八说》

释义：

论:按照。按功劳的大小给予奖赏。

反义词：

赏罚不明

趣味链接：

（谜语）战后庆功会（打一成语）谜底:论功行赏

赏心悦目

出处：

"长篇短章,不为不多,然半属套语,半属陈言,求一
首清新俊逸,赏心悦目者,迥不可得。"——明·无名氏
《人中画·风流配》

释义：

悦目：看了舒服。指看到美好的景色而心情愉快。

反义词：

触目惊心 触目惊心

目中无人

出处：

"赵奢子赵括，自少喜谈兵法，家传《六韬》《三略》之书，一览而尽；尝与父奢论兵，指天画地，目中无人，虽奢亦不能难也。"——明·冯梦龙《东周列国志》第九十六回

释义：

眼里没有别人。形容狂妄自大或看不起人。

反义词：

谦虚敬慎

趣味链接：

（歇后语）天灵盖上长眼睛——目中无人　脑壳上长眼睛——目中无人

（谜语）望断南飞雁（打一成语）谜底：目中无人

人迹罕至

出处：

"而夷狄殊俗之国，辽绝异党之地，舟车不通，人迹罕至。"——汉·荀悦《汉纪·孝武纪二》

释义：

罕：少。人很少到的地方。指偏僻荒凉的地方很少有人来过。

反义词：

人来人往　人山人海　络绎不绝

至理名言

出处：

"俗语云：'揭债要忍，还债要狠。'这两句话不是圣经传贤，却是至理名言。"——清·李绿园《歧路灯》

释义：

至理：最正确的道理；名言：精辟、有价值的话。最正确的道理，最精辟的言论。

反义词：

奇谈怪论　无知妄说　无稽之谈

掩耳盗铃

出处：

"百姓有得钟者,欲负而走,则钟大不可负。以椎毁之,钟况然有声。恐人闻之而夺己也,遽掩其耳。"——《吕氏春秋·自知》

释义：

掩:遮蔽,遮盖;盗:偷。偷铃铛怕别人听见而捂住自己的耳朵。比喻自己欺骗自己,明明掩盖不住的事情偏要想法子掩盖。

反义词：

开诚布公

伶牙俐齿

出处：

"你休那里便伶牙俐齿,调三千四,说人好歹,讦人暧昧,损人行止。"——元·吴昌龄《张天师》第三折

释义：

伶、俐:聪明,灵活。形容人机灵,很会说话。

反义词：

笨口拙舌 呆头呆脑 张口结舌

齿白唇红

出处：

"只见唇红齿白,桃花脸,绿鬓朱颜柳叶眉,因此不忍而去。"——明·胡文焕《琼琚记·桑下戏妻》

释义：

牙齿白,嘴唇红。形容面容美。

反义词：

尖嘴猴腮

成语故事：

论功行赏

刘邦打败项羽后,平定天下,当上了皇帝。接着,要对功臣们评定功绩的大小,给予封赏。刘邦认为,萧何的功劳最大,要封他为赞侯,给予的封户也最多。

群臣们对此不满,都说:"平阳侯曹参身受七十处创伤,攻城夺地,功劳最多,应该排在第一位。"

关内侯鄂千秋替刘邦解释道:"众位大臣的主张是不对时。曹参虽然有转战各处、夺取地盘的功劳,但这是一时的事情。大王与楚军相持五年,常常失掉军队,只身逃走也有好几次。然而,萧何常派遣军队补充前线。这些都不是大王下令让他做的。汉军与楚军在荥阳时对垒数年,军中没有口粮,萧何又用车船运来粮食。如今即使没有上百个曹参,对汉室也不会有损失,怎么能让一时的功劳凌驾在万世的功勋之上呢?应该是萧何排在第一位,曹参居第二位。"

　　刘邦肯定了鄂千秋的话,于是确定萧何为第一位,特许他带剑穿鞋上殿,上朝时可以不按礼仪小步快走。

红妆素裹→裹足不前→前倨后恭→觥筹交错→
错落有致→志同道合→和盘托出→出生入死→

红妆素裹

出处：

　　"须晴日,看红妆素裹,分外妖娆。"——毛泽东《沁园春·雪》

释义：

　　红妆,原指妇女的艳妆,这里指红日照耀着大地。素裹,原指妇女的淡妆,这里指白雪覆盖着大地。形容雪后天晴,红日和白雪交相辉映的壮丽景色。

裹足不前

出处：

　　"使天下之士退而不敢西向,裹足不入秦。"——战国·秦·李斯《谏逐客书》

释义：

　　裹足:包缠住脚。好像脚被缠住了一样,不能前进。形容有所顾虑而止步不敢向前。

反义词：

义无反顾 一往无前

前倨后恭

出处：

"苏秦笑谓其嫂曰：'何前倨而后恭也？'"——西汉·司马迁《史记·苏秦列传》

释义：

倨：傲慢；恭：恭敬。以前傲慢，后来恭敬。形容对人的态度改变。

觥筹交错

出处：

"射者中，弈者胜，觥筹交错，坐起而喧哗者，众宾欢也。"——宋·欧阳修《醉翁亭记》

释义：

觥：古代的一种酒器；筹：行酒令的筹码。酒杯和酒筹杂乱地放着。形容许多人聚会喝酒时的热闹场景。

反义词：

自斟自饮

趣味链接：

（谜语）碰杯（打一成语）谜底：觥筹交错

错落有致

出处：

"遍山皆青皮古松，不下数百株，太湖石亦高低错落有致，异鸟飞翔，咔音木杪，真蓬莱仙境也。"——清·张集馨《道咸宦海见闻录》

释义：

错落：参差不齐。致：情趣。形容事物的布局虽然参差不齐，但却极有情趣，使人看了有好感。交错纷杂，饶有情趣。

反义词：

杂乱无章　错落不齐

志同道合

出处：

"昔伊尹之为媵臣，至贱也，吕尚之处屠钓，至陋也，乃其见举于汤武、周文，诚道合志同，玄漠神通，岂复假近习之荐，因左右之介哉。"——陈寿《三国志·魏志·陈思王植传》

释义:

　　道:途径。志趣相同,意见一致。

反义词:

　　分道扬镳　貌合神离

和盘托出

出处:

　　"饭罢,田氏将庄子所著《南华真经》及《老子道德》五千言,和盘托出,献于王孙。"——明·冯梦龙《警世通言》卷二

释义:

　　和:连同。连盘子也端出来了。比喻全都讲出来,毫不保留。

反义词:

　　含糊其辞　闪烁其词　讳莫如深

趣味链接:

　　(歇后语)饭馆里端菜——和盘托出

出生入死

出处：

"出生入死,生之徒十有三,死之徒十有三。"——
《老子》

释义：

原意是从出生到死去。后形容冒着生命危险,不顾
个人安危。

反义词：

贪生怕死

趣味链接：

(歇后语)鬼门关止步——出生入死

(谜语)虎穴(打一成语)谜底:出生入死　地狱之
门(打一成语)谜底:出生入死

成语故事：

前倨后恭

唐朝人裴佶,曾经说过一件事,说裴佶小时
候,姑夫在朝中为官,名声很好。有一次,他到姑
姑家,正赶上姑父退朝回来,只见叹息说:"崔昭
是什么人? 大家一致说他好。一定是行贿了。这
样下去,国家怎么能不混乱呢?"裴佶的姑夫话

音刚落,守门人进来通报寿州崔刺史请求拜见老爷。裴佶的姑父听了后很是生气,呵斥守门人一顿,甚至要用鞭子打守门人。过了很久,裴佶的姑夫整束衣冠勉强迎见崔刺史。又过了一会儿,裴佶见到姑夫急着命家人给崔刺史上茶。一会儿,又命下人准备酒宴。不仅喂饱了崔刺史的马,还给崔刺史的仆人饭吃。

送走崔刺史后,裴佶的姑姑问他姑夫:"你为什么前边那么傲慢而后又那么谦恭?"

裴佶的姑夫面带得意的神色走进屋门,挥手让裴佶离开这里,说:"暂且到书房里去休息一下。"

裴佶出屋还没走下门前的台阶,回头一看,就看见他姑夫从怀中掏出一张纸,上面写着:赠送粗官绸一千匹。

四面八方→放浪形骸→骇人听闻→闻鸡起舞→
舞文弄墨→墨守成规→规行矩步→步履维艰→

四面八方

出处:

"忽遇四面八方怎么生?"——宋·释道原《景德传灯录》卷二十

释义:

四面:东南西北。八方:东,东南,南,西南,西,西北,北,东北。泛指各个方面或各个地方。

反义词:

一步之遥 弹丸之地

放浪形骸

出处:

"夫人之相与;俯仰一世;或取诸怀抱;悟言一室之内;或因寄所托;放浪形骸之外。"——晋·王羲之《三月三日兰亭集序》

释义:

放浪:放纵;不受拘束;形骸:人的形体、形迹。指行为不受世俗礼法的约束;旷达豪爽。

反义词:

循规蹈矩 规行矩步

骇人听闻

出处:

"南通一巷,谓之界身,并是金银帛交易之所,屋宇雄壮,门面广阔,望之森然,每一交易,动即千万,骇人闻见。"——宋·孟元老《东京梦华录·东角楼街巷》

释义:

骇:震惊。使人听了非常吃惊、害怕。

反义词:

不偏不倚

闻鸡起舞

出处:

"中夜闻荒鸡鸣,蹴琨觉曰:'此非恶声也。'因起舞。"——《晋书·祖逖传》

释义:

听到鸡叫就起来舞剑。后比喻有志报国的人及时奋

起。

反义词：

　　苟且偷安　自暴自弃

舞文弄墨

出处：

　　"明习法令，而舞弄文墨，高下其心。"——《隋书·王充传》

释义：

　　舞、弄：故意玩弄；文、墨：文笔。故意玩弄文笔。原指曲引法律条文作弊。后常指玩弄文字技巧。

反义词：

　　目不识丁

墨守成规

出处：

　　"如钟嵘之《诗品》，辨体明宗，固未尝墨守一家以为准的也。"——明·黄宗羲《钱退山诗文序》

释义：

　　墨守：战国时墨翟善于守城；成规：现成的或久已通行的规则、方法。指思想保守，守着老规矩不肯改变。

反义词：

　　标新立异

规行矩步

出处:

"二学儒官,缙绅先生之徒,垂缨佩玉,规行矩步者,皆端委而陪于堂下,以待执事之命。"——晋·潘尼《释奠颂》

释义:

规、矩:圆规和角尺,引申为准则;步:用脚走。指严格按照规矩办事,毫不苟且。也指办事死板,不灵活。

反义词:

别开生面 无法无天

步履维艰

出处:

"年高艰于步履者,并的策杖,仍令舍人护卫扶之。"——《宋史·章宗经三》

释义:

指行走困难行动不方便。

反义词：

健步如飞 大步流星

成语故事：

闻鸡起舞

在晋朝，有个叫祖逖的人，性格豪迈，为人侠义。当时国家正面临内忧外患的情势，祖逖立志要为国家尽力，平定动乱。他与好朋友刘琨一起在司州任职，志向相同，两人便住在一起，相互砥砺。有一回，祖逖在半夜时听到鸡啼声，虽然天还没亮，但他惊觉时间相当宝贵，应该好好把握，就踢醒睡在一旁的刘琨说："听到鸡叫声了吗？我们得赶快起床，把握时间练武吧！"于是两人不管夜里的凉意，到院子里舞剑锻炼身体，每天都不间断，练就了一身好武艺。后来祖逖受到皇帝的赏识，被任命为大将军，带兵平定动乱，收复许多失土，一偿报效国家的心愿。

艰苦卓绝→绝处逢生→生灵涂炭→弹冠相庆→
罄竹难书→束手就擒→勤能补拙→捉襟见肘→

艰苦卓绝

出处：

"始为学，即坚苦刻厉，寒不炉，暑不扇，夜不席者数年。"——《宋史·邵雍传》

释义：

卓绝：超出一般。形容斗争十分艰苦，超出寻常。

反义词：

花天酒地　好逸恶劳

绝处逢生

出处：

"李庆安绝处幸逢生。"——元·关汉卿《钱大尹知勘绯衣梦·正名》

释义：

绝处：死路。形容在最危险的时候得到生路。

反义词：

束手就擒 坐以待毙

趣味链接：

（灯谜）野火烧不尽，春风吹又生 谜底：绝处逢生

生灵涂炭

出处：

"先帝晏驾贼庭，京师鞠为戎穴，神州萧条，生灵涂炭。"——《晋书·苻丕载记》

释义：

生灵：百姓；涂：泥沼；炭：炭火。涂炭：烂泥和炭火。人民陷在泥塘和火坑里。也指生物受到了极大的伤害。形容政治混乱时期，人民百姓处于极端困苦的境地。

反义词：

国泰民安 安居乐业

弹冠相庆

出处：

"吉与贡禹为友，世称'王阳在位，贡禹弹冠。'"——《汉书·王吉传》

释义：

弹冠:掸去帽子上的灰尘,准备做官。指官场中一人当了官或升了官,同伙就互相庆贺将有官可做。

反义词：

如丧考妣

罄竹难书

出处：

"罄南山之竹,书罪未穷;决东海之波,流恶难尽。"——《旧唐书·李密传》

释义：

罄:尽,完;竹:古时用来写字的竹简。形容罪行多得写不完。

反义词：

宅心仁厚　丰功伟绩　举不胜举　不可胜数

束手就擒

出处：

"与其束手就擒,曷若死战,然未必死。"——《宋史·苻彦卿传》

释义：

束手:自缚其手,比喻不想方设法;就:受;擒:活捉。

捆起手来让人捉住。指毫不抵抗,乖乖地让人捉住。

反义词:

负隅顽抗 拼死反抗

趣味链接:

灯谜 束手就擒(打一字)谜底:禽

勤能补拙

出处:

"弄假象真终是假,将勤补拙总轮勤。"——宋·邵雍
《弄笔吟》

释义:

勤奋能够弥补不足。

反义词:

锲而舍之

捉襟见肘

出处:

"十年不制衣,正冠而缨绝,捉襟而肘见,纳履而踵
决。"——《庄子·让王》

释义:

拉一拉衣襟,就露出臂肘。形容衣服破烂。比喻顾此

失彼,穷于应付。

反义词:

　　绰有余裕　绰绰有余　完美无缺

成语故事:

罄竹难书

　　李密原本是隋炀帝杨广的侍卫,他生性聪明灵活。在一次值班的时候,因左顾右盼,被隋炀帝发现,认为他不老实,于是就免了李密的差使。李密并不懊丧,立志要做一番大事业,从此发奋读书。

　　有一次,李密在洛阳的大街上骑着牛,把《项羽传》挂在牛角上,抓紧时间读书,恰巧被宰相杨素看见,杨素跟李密亲切地交谈了一阵,觉得他是个很有抱负的人。杨素回到家跟他的儿子杨玄感说:"李密的学识渊博,才能也很强,将来有什么重要事情你可以跟他商量。"

　　从此杨玄感和李密成为好朋友。后来杨玄感起兵要推翻隋炀帝的统治,就把李密请去当他的谋士,可是杨玄感因被别人迷惑,几次关键时刻不用李密的计谋,最终导致兵败被杀。李密

脱离危险后,继续反抗隋朝,他投奔了翟让领导的瓦岗农民起义军。在李密的帮助下,这支起义军在很短的时间内就取得了很大胜利。翟让就主动把首领的位置让给了李密。李密建立政权后,在进攻洛阳时,发出了讨伐隋炀帝的檄文,宣布隋炀帝有十大罪状,号召百姓起来推翻隋炀帝,其中有"罄南山之竹,书罪未穷;决东海之波,流恶难尽"之句。意思是把南山的竹子都制成竹简,也写不完隋炀帝的罪状,决开东海的堤坝,滔滔海水流完了,隋炀帝的恶行还没有流完。

肘行膝步→步履蹒跚→山盟海誓→誓死不渝→
于安思危→危言耸听→听天任命→命中注定→

肘行膝步

出处:

"时有军卒,断左臂于佛前,以手执之,一步一礼,血流洒地,至于肘行膝步,啮指截发,不可算数。"——唐·苏鹗《杜阳杂编》卷下

释义:

匍匐前行,表示虔诚或哀戚。

步履蹒跚

出处:

"天禄行蹒跚。"——唐·皮日休《上真观》

释义:

蹒跚:走路一瘸一拐的样子。形容走路腿脚不方便,歪歪倒倒的样子。

反义词:

大步流星

山盟海誓

出处：

"他将山盟海誓言，向罗帏锦帐眠。"——元·无名氏《碧桃花》第三折

释义：

盟：盟约；誓：誓言。指男女相爱时立下的誓言，表示爱情要像山和海一样永恒不变。

反义词：

见异思迁

誓死不渝

出处：

"陈力之志，誓死不渝。"——唐·柳宗元《为裴中丞上裴相乞讨黄贼状》

释义：

立誓至死不变。

于安思危

出处:

"臣闻之《春秋》,于安思危,危则虑安。"——《战国策·楚策四》。

释义:

于:处于;思:想。虽然处在平安的环境里,也想到有出现危险的可能。指随时有应付意外事件的思想准备。

危言耸听

出处:

"意者危言骇世,姑一快胸中之愤耶!"——宋·吕祖谦《吕东莱文集》

释义:

危言:使人吃惊的话;耸:惊动;耸听:使听话的人吃惊。指故意说些夸大的吓人的话,使人惊疑震动。

听天任命

出处:

"听天任命,慎厥所修。"——《孔丛子·鹗赋》

释义：

谓听凭命运摆布，不作主观努力。

命中注定

出处：

"这是我命中注定，该做他家的女婿。"——明·冯梦龙《警世恒言》

释义：

迷信的人认为人的一切都是命运预先决定的，人力无法挽回。

成语故事：

步履蹒跚

"战国四公子"之一的平原君家临街的楼房很高，在楼上可以俯瞰附近居民的房屋，平原君的美人——侍妾，就住在楼上。

有一天，众美人在楼上闲望，看到一个瘸腿的人到井台打水。美人们见到他行路缓慢，东摇西晃的样子，忍不住哄笑起来，有的还学仿他走路的姿态来取乐。这个瘸腿的人，受到这番侮弄很是恼怒。

第二天清早，这个人就来登门拜访平原君，

要求说:"我听说你喜欢接纳贤士,而贤士所以会不远千里来投奔你,是因为你能看重贤士,轻贱美女的缘故。我不幸有了腰弯曲,背隆高的病,你的房里人在高处看到了,肆意笑弄我,这是不合礼的。我要得到笑我的人的头!"

平原君假笑着答应说:"好。"

等那个人走了后,平原君冷笑了一声,对左右的人说:"瞧那个小子,倒想以一笑的缘故让我杀美人,不也太过分了吗!"到最后他也没杀。

过了一年多,住在平原君家里的宾客,一个接着一个地走了有一多半。

平原君很奇怪,对留下未走的门客说:"我对待各位,可以说是诚心诚意的,没有敢失过礼,为什么走了那么多的人呢?"有一个门客上前直率地说:"就因为你不杀那笑瘸腿的人,这说明你喜欢女色而看不起士人,所以宾客就走了。"

平原君听了大为后悔,立刻叫人杀了那些嘲笑过瘸腿士人的美人,拿着头亲自到瘸腿人

的家去谢罪。不久，离开平原君家的宾客，才又
一个接着一个地回来了。

定国安邦→帮虎吃食→食不下咽→咽苦吐甘→
甘之如饴→饴含抱孙→孙庞斗智→
智者见智,仁者见仁→

定国安邦

出处:

"枉了你扬威耀武,尽忠歆节,定国安邦,偏容他鸥鹑弄舌,乌鸦展翅,强配鸾凤。"——元·无名氏《连环计》第三折

释义:

邦:国家。治理和保卫国家,使国家安定稳固。

反义词:

祸国殃民

帮虎吃食

出处:

"又兼陆好善的母亲、妻子帮虎吃食,狐假虎威,陪看皇姑寺,煞是有趣。"——清·西周生《醒世姻缘传》第七十八回

释义：

比喻帮助恶人做坏事。

食不下咽

出处：

"霁云(南霁云)慷慨语曰：'云来时，睢阳之人不食月余日矣！云虽欲独食，义不忍；虽食，且不下咽。'"——唐·韩愈《张中丞传后叙》

释义：

食物虽在口中但咽不下去。形容忧心忡忡，不思饮食。

咽苦吐甘

出处：

"子之于母，慈爱特深；非母不育；推燥居湿，咽苦吐甘，生养劳瘁，恩斯极矣。"——《旧唐书·礼仪志七》

释义：

指母亲自己吃粗劣食物，而以甘美之物哺育婴儿。形容母爱之深。

甘之如饴

出处:

"非正义之富贵,远之如垢污;不幸而贱贫,甘之如饴蜜。"——宋·真德秀《送周天骥序》

释义:

把它看成像饴糖那样甘甜。比喻甘心情愿地从事某种辛苦工作或虽处危困境地也能安然忍受。

反义词:

苦不堪言

饴含抱孙

出处:

"饴含抱孙,亦止孝先一人。"——清·龚玉晨《紫姬小传》

释义:

含着饴糖逗小孙子。形容老人自娱晚年,不问他事的乐趣。

孙庞斗智

出处：

出自《史记·孙子吴起列传》

释义：

孙：孙膑；庞：庞涓。孙膑、庞涓各以智谋争斗。比喻昔日友人今为仇敌，各逞计谋生死搏斗。也比喻双方用计较量高下。

智者见智，仁者见仁

出处：

"仁者见之谓之仁，智者见之谓之智。"——《易系辞上》

释义：

指对待同一问题，其见解因人而异，各有道理。

反义词：

异口同声

成语故事：

孙庞斗智

孙膑和庞涓同在鬼谷子门下学习兵法后，庞涓辞师下山，任魏国上将军之职，翟向魏惠王举荐孙膑。庞涓知道之后就忌妒孙膑，诬陷孙膑通齐，让魏惠王残忍地施以刖刑黥刑，又骗他录写《孙子兵法》十三篇，打算写完了杀害他。庞涓家丁暗中告知孙膑。于是孙膑装疯，使庞涓不防，后得齐国大臣救助，逃出魏国。孙膑至齐，被拜为军师之职，一次用围魏救赵之计，在桂陵地方击败了庞涓统率的魏军。第二次，孙膑用减灶之计，将庞涓诱入马陵道，用乱箭将他射死。

仁义之师→师出有名→名扬四海→海市蜃楼→
楼船箫鼓→鼓舞人心→心仪已久→久负盛名→

仁义之师

出处：

"吾欲兴仁义之师，伐无道之主，汝安敢逆吾意！"——明·罗贯中《三国演义》第一一五回

释义：

师：军队。伸张仁爱正义讨伐邪恶的军队。亦作"仁义之兵"。

师出有名

出处：

"庶几义声昭彰，理直气壮，师出有名，大功可就矣。"——明·朱鼎《玉镜台记·闻鸡起舞》

释义：

师：军队；名：名义，引申为理由。出兵必有正当的理由。后比喻做某事有充足的理由。

反义词：

师出无名

趣味链接：

（歇后语）打仗先下战表——师出有名

名扬四海

出处：

"雄赳赳名扬四海，喜滋滋笑满腮。"——元·关汉卿《五侯宴》第四折

释义：

四海：指全国各地。名声传遍全国。形容名声很大。

反义词：

默默无闻

趣味链接：

（谜语）桅杆顶上吹喇叭 谜底：名扬四海

海市蜃楼

出处：

"海旁蜃气象楼台，广野气成宫阙然。"——西汉·司马迁《史记·天官书》

释义：

蜃：蛤蜊。古代传说蜃能吐气成楼台的形状。实际上是大气由于光线折射把远处的楼台等城市景物显现在

空中或地面上。这种幻景多出现在夏天的海边或沙漠地带。现比喻虚无缥缈实际上不存在的事物。

趣味链接：

（谜语）太平洋上一座城（打一成语）谜底:海市蜃楼

（歇后语）大戈壁做鬼脸 ——海市蜃楼

楼船箫鼓

出处：

"其一,楼船箫鼓,峨冠盛筵,灯火优傒,声光相乱,名为看月而实不见月者,看之。"——明·张岱《陶庵梦忆西湖七月半》

释义：

乘坐楼船,吹箫击鼓。楼船:有楼饰的游船。

鼓舞人心

出处：

"鼓舞万物者,雷风乎？鼓舞万从者,号令乎？"——汉·扬雄《法言·先知》

释义：

鼓舞:振作,奋发。振奋人们的信心。增强人们的勇气。

心仪已久

出处：

"公卿议更立皇后，皆心仪霍将军女。"——东汉·班固《汉书·外戚传》

释义：

心仪：心中向往。内心向往已经很久。

久负盛名

出处：

"他是由于在玉器鉴赏方面的久负盛名而受聘于解放后成立的国有公司的，成为国家干部。"——霍达《穆斯林的葬礼》第八章

释义：

负：承受，承担，引申为享有。长时期地享有好的名声。

反义词：

默默无闻

成语故事：

师出有名

宋襄公是个资质平平的人，宋国的实力也

不强大，可是成为霸主的诱惑实在太大了。齐桓公去世后，宋襄公一心想成为霸主。公子昭来投奔他，他认为是个可利用的机会，就收留了公子昭。

公元前六四二年，各国诸侯接到宋襄公通知，要护送公子昭回齐国去当国君，让诸侯派兵相助，以壮声势。大部分诸侯一见是宋襄公出面号召，没几个人理会，只有卫、曹、邾几个比宋国还小的国家派了一些人马来了。宋襄公统领四国联军杀向齐国，齐国的贵族对公子昭怀有同情之心，再加上不清楚宋军实力，就把无亏釉竖刁杀了，赶走了易牙，在边界上迎接公子昭回国。公子昭回国后当上了国君，就是齐孝公。宋襄公为齐孝公复位出了力，自认为是件惊天动地的大事，是足够树立威信称霸诸侯的时候了，便想会盟诸侯，把自己的盟主地位确定。于是，宋襄公派使者去楚国和齐国，想把会盟诸侯的事先和他们商量一下，取得楚国、齐国的支持。

到了约定开会的日子，楚、陈、蔡、许、曹、郑等六国之君都来了，只有齐孝公和鲁国国君没

cheng yu jie long

147

到。在开会时，宋襄公首先说："诸侯都来了，我们会合于此，是仿效齐桓公的做法，订立盟约，共同协助王室，停止相互间的战争，以定天下太平，各位认为如何？"

楚成王说："您说得很好，但不知这盟主是谁来担任？"

宋襄公说："这事好办，有功的论功，无功的论爵，这里谁爵位高就让谁当盟主吧。"

话音刚落，楚成王便说："楚国早就称王，宋国虽说是公爵，但比王还低一等，所以盟主的这把交椅自然该我来坐。"

说罢并不谦让，一下子就坐在盟主的位置上。

宋襄公一看如意算盘落空，不禁大怒，指着楚成王的鼻子骂："我的公爵是天子封的，普天之下谁不承认？可你那个王是自己叫的，是自封的。有什么资格做盟主？"

楚成王说："你说我这个王是假的，你把我请来干什么？"

宋襄公再想争辩，只见楚国大臣成得臣脱

去长袍，露出里面穿的全身铠甲，手举一面小红旗，只一挥动，那些随楚成王而来、打扮成家仆和侍者的人纷纷脱去外衣，原来个个都是内穿铠甲、手持利刃的兵士。他们往台上冲来，吓得诸侯四散而逃，宋襄公被成得臣一把抓住，把他拖到楚国的车上，带他回楚国去了。后来，楚成王觉得抓了宋襄公也没什么用，就把宋襄公放回去了。

从那时起，宋襄公对楚国怀恨在心，但是由于楚国兵强马壮，也没什么办法出气。后来，宋襄公听说郑国最积极支持楚国为盟主，就想讨伐力薄国小的郑国，出出胸中恶气。过了不久，郑文公去楚国拜会楚成王。宋襄公认为是个机会，不顾公子目夷与大司马公孙固的反对，出兵伐郑。郑文公知道消息后，求救于楚成王，楚成王答应来救援郑国。

楚成王没直接去救郑国，却统领大队人马直接杀向宋国。宋襄公这下慌了手脚，顾不上攻打郑国，带领宋军星夜往国内赶。待宋军在涨水边扎好营盘，楚国的兵马也来到了对岸。公孙固对宋襄公说:"楚军到此只是为救郑国。咱们已经从郑国撤军。他们的目的已经达到了。咱们兵力小,不能硬拼,不如与楚国讲和算了。"

宋襄公却说:"楚国虽然人强马壮。可缺乏仁义。我们虽然兵力单薄。却是仁义之师。不义之兵怎能胜过仁义之师呢?"宋襄公又特意做了一面大旗,并绣有"仁义"二字。要用"仁义"来战胜楚国的刀枪。

到了第二天天亮,楚军开始过河。公孙固向宋襄公说:"楚军白日渡河。明明是小看我们。等他们过到一半,我们杀过去,定能取胜。"

宋襄公却指着战车上的"仁义"之旗说:"人家连河都没渡完就打人家,那算什么仁义之师?"

等到楚军全部渡完河,在河岸上布阵时。公孙固又劝宋襄公说:"趁楚军还乱哄哄地布阵,我们发动冲锋,尚可取胜。"宋襄公听到此话不由骂道:"你怎么净出歪主意!人家还没布好阵,你便去打他,那还称得上是仁义之师吗?"

宋襄公的话才说完,楚军已经布好阵,列队

冲了过来。宋军看到楚军凶猛胆都吓破了，掉头便逃。宋襄公正想亲自督阵进攻，还没来得及冲向前去，便被楚军围住，身上、腿上到处受伤。幸亏宋国的几员大将奋力冲杀，才救出他来。等他逃出来，宋军已早逃散，粮草、兵车金部被楚军抢走，再看那杆"仁义"大旗，早已不知丢在何处。

明见万里→离经叛道→道貌岸然→燃眉之急→
急不可耐→耐人寻味→未老先衰→率性任意→

明见万里

出处：

"书妪至，河西咸惊，以为天子明见万里之外。"
——《后汉书·窦融传》

释义：

对于外界或远方的情况，知道得很清楚。也比喻
人有预见。

离经叛道

出处：

"且本官志大言浮，离经叛道。"——元·费唐臣
《苏子瞻风雪贬黄州》第一折

释义：

离：背离，不遵守。原指违反封建统治阶级所尊
奉的经典和教条。现泛指背离占主导地位的理论或学

说。

反义词:

循规蹈矩

道貌岸然

出处:

"又八九年,成忽自至,黄巾氅服,岸然道
貌。"—— 清·蒲松龄《聊斋志异·成仙》

释义:

道貌:正经严肃的容貌;岸然:高傲的样子。指
神态严肃,一本正经的样子。

反义词:

嬉皮笑脸

燃眉之急

出处:

"问:'如何是急切一句?'师曰:'火烧眉
毛。'"——宋·释普济《五灯会元》卷十六

释义:

燃:烧。火烧眉毛那样紧急。形容事情非常急
迫。

反义词：

无足轻重

急不可耐

出处：

"六个人刚刚坐定，胡统领已急不可耐，头一个开口就说：'我们今日非往常可比，须大家尽兴一乐。'"——清·李宝嘉《官场现形记》第十四回

释义：

急得不能等待。形容心怀急切或形势紧迫。

反义词：

慢条斯理

耐人寻味

出处：

"其所作如《少府画障歌》、《崔少府高齐观三川水涨》诸诗，句句字字追琢入妙，耐人寻味。"——清·无名氏《杜诗言志》卷三

释义：

耐：经得起；受得住；寻味：探索体会。经得起人们仔细体会。形容值得仔细琢磨其中的奥妙。

索然无味

未老先衰

出处：

"多病多愁心自知，行年未老发先衰。" ——
唐·白居易《叹发落》

释义：

年纪还不大就衰老了。多指由于精神或体力负担
过重而导致过早衰老。

率性任意

出处：

"或食柏叶，饮水自给，不嗜五谷。父母怜之，
听其率性任意。" ——《云笈七签》卷一一六

释义：

率：随顺。随顺其本性，听任其心意。谓任着自己的
本性做去而不加约束。

cheng yu jie long

成语故事：

燃眉之急

汉末献帝时，曹操作丞相，挟天子以令诸侯，专权恣肆达于极点。各地汉室的皇族，见曹操如此而为，都起来反抗。东吴孙权，也独立不听号令。

曹操想统一天下，带兵南下，和刘备在新野等地交战，刘备因地狭兵少，无法支持。孙权见曹操大兵压境，也有点惶恐起来，派鲁肃到刘备那里探听消息，并和刘备商议：刘、孙两方联合起来共同抵抗曹操。但是孙权的文臣们，见曹操兵力强大，不敢抵抗，都主张投降。因此，鲁肃邀请诸葛亮同赴东吴，游说孙权出兵。

诸葛亮到东吴以后，孙权帐下的谋士，纷纷起来和他辩驳。张昭是谋士中的领袖，他带有责问的口气对诸葛亮说："我们很久以前已知道，先生居住在隆中的时候，常常那自己来比喻春秋时的管仲、乐毅。管仲相桓公，使

桓公成为诸侯的盟主；乐毅替燕出兵伐齐，连下七十余城！现在刘备得到你之后，不但不能帮助他强大起来，反而失去了新野，丢弃了樊城，当阳长坂坡吃了败仗，又逃到了夏口去，像火烧眉毛一样的焦急，你哪里比得上管仲、乐毅的万分之一呢？”